侯麗芳的一萬個春天

侯麗芳——口述
胡曉揚——採訪撰文

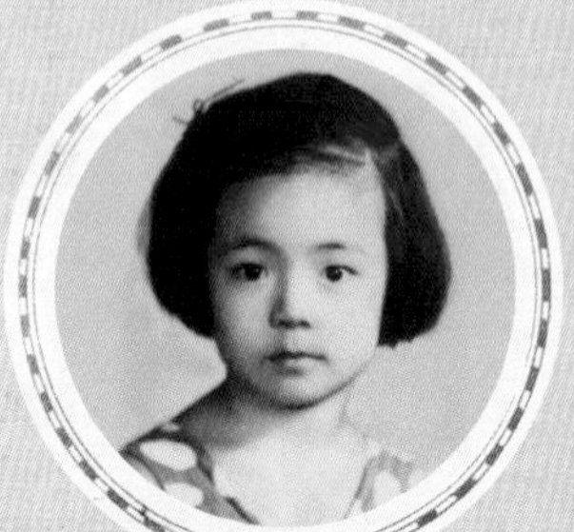

1 爸爸、姑父、小哥跟我。

2 台南眷村家門口全家合照。

3 四歲時的模樣。

1 2
3 4

1 初中畢業時。

2 高中的我。

3 初中時與姊姊。

4 高中時與姊姊。

1 全家與大嫂合影。

2 電視《追根究柢》主持人邊啟明和小助理我。

3 大學時期的生活照。

1/2

1 華視主持節目時拍攝。

2 全家福。

1
2 3

1 1974年，在華視出外景。

2 華視主持《南來北往》時期。

3 沙龍照。

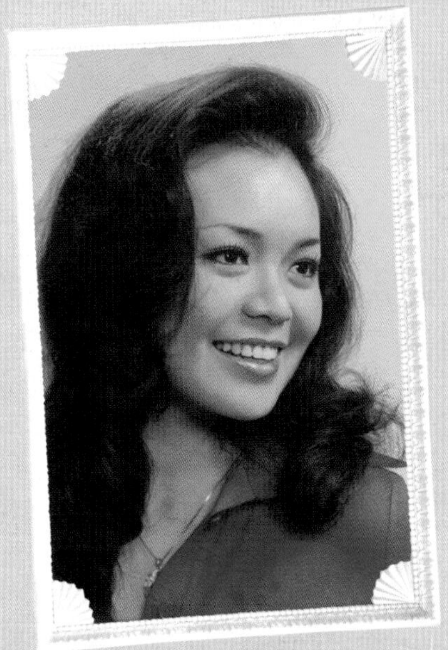

華視剛出道時。

1	2
	3

① 1978年，陳文彬拍的沙龍照。

② 大學時，攝影協會拍攝。

③ 1974年，初主持節目時。

1
2 | 3

1 1973年，海邊遊玩。

2 23歲生日宴。

3 1974年，楊陪伴出外景。

戀愛初期。

墾丁蜜月行。

1
2|3

1 攝影協會拍攝。

2 太魯閣，拍攝花蓮輪廣告。

3 合歡山雪景。

1/2

1 母親節帶媽媽上節目。

2 結婚時，大哥穿空軍英雄獎章的大禮服牽我出場。

1/2/3

1 結婚時，和爸媽的合影。

2 喜宴中，新郎新娘互相敬酒。

3 新婚之家。

右頁 1/2

1 婚紗照。

2 新娘照。

左頁 1 2 3 4

1 俏皮的母女照。

2 女兒兩歲時，去谷關遊玩。

3 女兒四歲的留影。

4 母子三人公園合影。

1 主持《銀河星光》節目。

2 全家上《我愛紅娘》節目。

3 訪問凌波、金漢本人。

4 27歲時，節目中表演〈蘇三起解〉。

1/2

1 和李季準主持賺人熱淚的《熱線你和我》。

2 和魏少朋主持《天天都是讀書天》。

1 | 2
3

1 《週五高雄見》在十信高商和儀隊演出。

2 和田文仲主持晚會。

3 得獎的各項獎牌。

1 1980年，參加亞洲影展主持晚會。

2 陳君天 (左二) 帶領《認識自己》製作團隊合照。

3 1971年，在郵局工作時上台表演。

27歲跳槽台視的沙龍照。

1 | 2
3 | 4

1 1981年，金鐘獎和張帝擔任頒獎人。

2 老麥拍的藝術照。

3 宣慰僑胞主持節目。

4 高雄喜相逢歌廳與鄉音四重唱表演。

1 《華視週刊》封面人物。

2 台視攝影婚紗照《電視周刊》封面。

3 媽祖化身風流倜儻的小生。

1 2 3
4

1 媽祖化身算命老先生。

2 媽祖遠至武夷山出外景。

3 飾演莫那魯道（陳震雷）之妻。

4 媽祖化身仙女。

1/2

1 1993年相識20週年，在美國宣慰僑胞時收到老公越洋送的玫瑰花。

2 主持節目時，手捧著老公送的花。

1 | 2
3 | 4

1 新婚情報沙龍照。

2 新婚情報沙龍照。

3 2010年，代言減重塑身後拍的沙龍照。

4 2014年，輔大應用美術系為中老年人設計的時尚雜誌封面照。

1 楊家大合照。

2 除夕夜全家福。

3 慶祝結婚12周年。

1 世界展望會資助的剛果小朋友在台灣相會。

2 全家人去北京故宮參觀。

3 美國行，探視兒女，全家出遊西雅圖。

4 新加坡旅遊。

1. 在萊茵河畔三百年古老餐廳前留影。

2. 我倆參加兒子14歲時校外活動。

3. 50歲慶生時，與媽媽、哥哥合唱。

新婚情報婚紗攝影於
2016年5月20日拍攝。

1 2013年義大利之旅。羅馬競技場的夜景。

2 後為梵諦岡夜景。

3 威尼斯運河水道的橋上。

1 | 2
3

1 比薩斜塔。

2 羅馬景點真理之口「測謊」。

3 羅馬競技場。

1989-1994年，《媽祖系列》因收視長紅，創下台灣飾演媽祖六年的電視劇紀錄（老公拍攝）。

〈專文推薦〉
人間仙侶

陳君天

老台視有三個大門，從西樓的門進去，往下走是餐廳，直接左轉則是大化妝室，這裡，靠牆擺了一條長長的沙發椅子，供候場人休息，有點年紀的電視人，對這個場景肯定不陌生。

某年、某月、某一個傍晚，棚裡放飯了，我沒下餐廳去，獨自坐在化妝室沙發上翻Rundown，看看晚上要錄什麼，化妝室裡燈火通明，突然間一陣烏雲從面前掠過，當我抬起頭來，那扇擋光板像一陣風般已經越過我的座位，向前走去，能看到的只有伊人的背影，用我專業的法眼一瞄，哇！這個女生髖骨肯定比肩胛骨寬闊，加上大股肌的溢出，形成了一個非同凡響的豪臀，不過她的腰卻不超過二十六（吋），這種尺碼如此弧度，從整體架構的比例上來看堪稱難得。在公司我好像還沒見過這號底盤的女生。

下餐廳把所見跟助理們描述了一番，他們嚷著說：「哪有你形容的那麼誇張？人家還是小姑娘！」

長得漂亮的，很像崔苔菁。

剛從華視挖過來的主持人，叫侯麗芳。

侯麗芳！掰掰手指頭算一算，去那烏雲掠過的傍晚，匆匆已過四十寒暑。四十年後，那個女生要出書了，並且要我寫一篇序文。

我和侯麗芳，以及她夫婿楊威孫可謂君子之交，雖說一年難得見上一面，但我相信，在彼此一生的MEMO中，卻都留下了難忘的記憶。他們忘不了一個從未按牌理出牌的製作人，我也忘不了這麼一對難得一見的人間仙侶。

侯麗芳打出校門直到現在，始終沒有放下麥克風，一直做著她想做的、喜歡做的工作，這並不是任何人想、就能做到的事，她，從一而終樂此不疲。

在做過的無數節目中，她最津津樂道的莫過《認識自己》和《人之初》，不過，錄別的節目有如小橋流水，船過水無痕，但這兩個節目時不時會遇上一陣驚風駭浪，嚇得花容失色，因為製作人是我。

我一直認為，電視節目不能一味按規矩來，甚至根本就不該有規矩，因為規矩固然成就了方圓，卻無法突破方圓，而侯麗芳則是一個無論處事、做人都十分守規矩的乖孩子。

如此這般截然不同性向的兩個人，竟能合作那麼長時間，想想好不容易。

一九七八年五二〇，蔣經國就任中華民國第六任總統，台灣正式進入蔣經國時代，這是當年的一件大事。站在傳播第一線的老三台，更是臨淵履冰，想方設法，把就職特別節目做好，連我們總經理都駕臨節目部表示關切。我還記得他的溫馨交代，現在，有兩個蔣總統，上面交代我們稱老總統為總統蔣公，新總統則稱蔣總統經國先生，別搞錯。

我是台視獨一無二的編內製作人，像這麼吃力討不了好、而且動輒得咎的節目，肯定是我的活，老實說，也只有我，對這種挑戰有興趣。面對這號特別的大節目，通常，我會找白嘉莉，但這次公司指名由侯麗芳擔任主持人，侯麗芳！我立馬想起那天傍晚，化妝室裡的擋光板。這是她的名字和我的工作第一次聯結在一起，也是我們兩人、一生在電視這個行業中，許多次合作的開始。

五二〇特別節目，在製作的過程中，我跟公司之間發生了一些矛盾，大頭們只圖過關，再三叮嚀我小心，而我認為一味歌功頌德、阿諛奉承的結果，將是小小心心僵硬的拍馬屁，這不是我們該走的路。同樣的素材，我寧願承擔風險、把人性融入節目，給三分喜怒、放二兩情義，使硬梆梆的教條軟化，進而讓受眾感受到溫度和愛，結果我贏了。

侯麗芳剛到一個新環境，又面對這麼需要小心翼翼的節目，難免有壓力，在兩次進棚的許多段落空檔，我採用曲線安撫她的情緒，並有意無意，傳達我個人做節目的基本理念，燈光下沒有什麼了不起的事，妳可以放鬆、再放鬆，NG 又怎樣！只不過重來嘛，反正「陳天亮」也不是浪得虛名的。

我可以看出這兩次進棚，對侯麗芳確實產生了不小作用，至少，她從容了許多，不再刻意求工了，更大收穫也許是她重新認識了手上那支麥克風，這對她往後的成長進程，多少會有影響。

節目過關了，也播出了，我完完整整從頭到尾看了一遍，對侯麗芳的表現印象深刻，雖然事隔多年，但只要想起，那種光景依然清晰。

侯麗芳可以說是一個天生的大氣節目的主持人，這種人才不多見，可惜台灣養不起大氣的節目，連帶侯麗芳也失去了最適合她的舞台。

一個大氣的主持人，是由許多不同的元素組合而成的，大氣是統稱，假如拆開來，從面相說起，她很漂亮，但不歸屬於美女。（我一直認為美女是父權時代的稱呼）因為她太正、太端莊，無論從哪個角度拍，都拍不到一點邪氣。這點，至少《媽祖傳》的製作人跟我看法一致，不然怎麼會找她演林默娘呢？

二、架勢穩重不輕佻。往台中央一站，鎮得住場子，無論多少大牌來往穿梭，你一眼就可以認出她是主持人，有道是「君子不重則不威」。這個時候，如磐的底盤就顯出功能了。

三、衣著，雍容而不華貴。我的理解，雍容是先天的氣質，華貴卻是人工的添加，古人把雍容華貴連在一起有相得益彰的意涵，不過現世的認知，華貴並不見得是溢美之詞，甚至會跟奢侈掛上鉤。但侯麗芳無論穿多華麗的服裝，都能止於雍容而不涉華貴，這表示是她「穿」衣服，卻不被衣服穿，這是她另一特質。

四、口齒清晰。你要人家聽得懂，先要求自己說得清楚，這是基本條件。再說大氣節目以Live播出居多，口齒是應付突發狀況的重要工具，假如一急就口吃，那是很難看了。

五、家世清白。別小看這項要求，當節目重要到某程度時，家庭背景會成為相當分量的選項。

侯麗芳，眷村孩子，父親打過抗日戰爭，這種咖，在三台時代可以列入「紅五類」名單。她本人呢？自從踏入社會，就像一張白紙，零汙點、零緋聞，至今不變，可惜妳不變，人家變，整個時代在變，假如我們拿侯麗芳當年標準評比後起主持人的條件，恐怕有八成節目要打烊。

我和侯麗芳合作的第二個大型節目，為一九八二年播出的「雙十・雙十」，第一個雙十指國慶日，第二個雙十則是台視二十周年台慶。這種節目對現代新觀眾肯定很陌生，但在那個時代可熱鬧非凡，因為一年中三個大型節目都擠在十月份，十號國慶，二十五號光復節，三十一號老總統誕辰。對侯麗芳來說，這個月份堪稱旺月，其實也不然，因為三個節目妳只能揀一個，無法吃光抹盡。一九八二年，她揀到我的「雙十．雙十」。

台視，是華人世界第一家商業電視台，在零對手之下，闖蕩江湖達八年之久，一九六九年、一九七一年，中視、華視相繼開播，台視依然獨領風騷，直到一九七五年老總統逝世為止，才慢慢呈現三足鼎立的態勢。

由此可以看出，台視為台灣電視史，寫下開創的第一章，而我也把二十年的台史，當台灣紀錄片來做，其錯綜複雜，四十年後想起來，還會出一身冷汗。就說「過帶」吧，當年作業程序要從 Vtr Room（剪接組）送一段節目到 Sub Room（副控室），導播把這段節目送現場，主持人根據現場指導命令連接詞，Sub Room 把這段連接詞送回 Vtr，然後接上播出帶，這樣才算一個 Cut。在這一輪中，只要有一個環節出錯，就要重來，所以主持人隨時都要在現場待命。「雙十．雙十」連續用了五十二個小時，打破台視占棚時間最長的紀錄。

我想這次侯麗芳終於體會到什麼叫錄影了。五十二小時，不能睡覺、不能洗澡還猛換裝的魔鬼訓練，看出她的韌性與耐力，因為她知道，幕後不管多麼難熬，但當攝影機上小紅燈亮的時候（表示錄影中），都要神采奕奕、了無倦容，這表示對觀眾、也是對自己的尊重。

經過「五二〇」和「雙十・雙十」的磨練，擺在侯麗芳面前的，已經不再有高難度的節目了。

一九八〇年，侯麗芳結婚了，當她生第一個寶寶時，我們合作一個當時「行政院廣電基金會」的節目《認識自己》，這個節目的原型來自《讀者文摘》以人體器官第一人稱介紹自己的一系列專欄：「老周的X」……兩季二十六集。這一套節目除了生殖系統，我們將人體的裡裡外外上上下下所有的器官組織分集完成。讓侯麗芳做這種節目，多少有點大材小用，但她樂在其中。有一天她若有所思的說：「我發現，假如沒做《認識自己》，很多地方，我還真的不認識自己耶。」這句話是一種領悟，她又成長了。

楊威孫當時正處於火力全開拚事業的尖峰時期。不常到棚裡來，但為人隨和，很快就跟製作小組混得很熟，每次來，我總趁有生人在時，故意大聲說：「侯麗芳生兩個寶寶跟我都有關係！」大家都喜歡看不明就裡那個人的表情！

那年，我們標得廣電基金的性教育節目，終於彌補了《認識自己》的遺憾，可以大大方方做「老周的陰莖」了，但這個節目後來叫「人之初」。在同一時間，侯麗芳懷了第二胎，所以我說的並沒有錯，只是聽的人想歪了。

性教育之後，我闖進了紀錄片的森林，跟他們接觸的機會，幾乎歸零，但彼此並沒有斷訊。今年三月吧，侯麗芳來電話說她要出書，請我寫序，我想，當初好幾萬字腳本都寫了，還在乎一篇序嗎？不久他們送來了草樣，從侯麗芳的口述中，我才知道他們談戀愛時，女孩子受了多少苦，太感人了。我說的不只是兩個人在婚前的努力，更感人的是婚後對愛的承諾的奉獻。

楊威孫是個帥哥，今天，他安然退休了，在退休前幾十年闖蕩江湖的歲月，歷經多少誘惑而沒有失足，是多麼難的一件事。侯麗芳說她老公喜歡她的下圍，且奉為「上品」，沒想到小楊真的被這扇擋光板給鎮住了。

楊威孫白手起家，初出茅廬時期十分勤奮，他的智慧在知道自己缺什麼，跟著便認真充實自己，這點很可貴。他有獨具的眼光，這種眼光使他不一窩蜂在台北賣牛肉麵，寧願擔風險挑冷門生意下注，因為他洞察到冷門可能成為獨門，獨門生意。等別人跟上來，銀子已經落袋了。

我知道他賣過降落傘，二十多年前就開始從事貼身保鑣事業，許多許多，只是我不知道。

他們曾告訴我，這本書五月要校稿付梓，而到了今天我還沒寫完序，想必侯麗芳又被急到了，這一急，也許會勾起當年在台視攝影棚天昏地暗的美麗回憶。

最後，我要說，侯麗芳是一個正直、單純的人，她一生只做過一個行業，一輩子只嫁過一個老公，在這個世代、這個花花世界，並不容易。明天他們將要去歐洲旅行了，也許我更欽佩他們這份逍遙背後曾經的挫折與奮鬥。

（本文作者為卓越文化工作室製作人、資深電視節目製作人）

〈專文推薦〉

活出生命的精彩

刁建生

因為喜歡他們的人、他們的故事，所以應邀寫了這篇序文，希望和大家分享威孫兄和麗芳小姐精彩且為人稱羨的人生歷程和生命智慧。

和他們夫婦近二十年的情誼，感受到他們夫婦倆為人處世寬厚和善、豁達大度的一面。朋友都形容他們是「不像商人的商人和不像藝人的藝人」，我一直把他們視為一對儒商和文化人的結合。麗芳的熱情活潑對比威孫兄的閒適自在，一動一靜，可說是絕妙的組合；而他們夫妻間的情感如鼓琴瑟，鶼鰈情深，傳為佳話，更令人歆羨。

麗芳在工作上的傑出表現，大家有目共睹，無論是在歌唱、戲劇、廣播及主持等各種才華上，都能大放異彩，受到矚目，是一項值得驕傲的成就，正所謂「麗影芳華」，我們都與有榮焉。多年前我們警察大學也曾藉重她的專長，延聘來校為學員生教授「媒體公關」的課程，受到大家一致的佳評。

一路以來，我看到他們經歷人生的甘苦，面對各種轉折和挫敗時，仍保持對生命的熱情和夢想，活出生命的精彩，令人感動。看完麗芳的這本傳記，真是「人生如歌」，而且是一首繽紛多彩、愉悅和暢的生命之歌。

（本文作者為中央警察大學校長）

〈專文推薦〉

一種價值與風格的代表人物

李艷秋

「「侯麗芳」三個字，在電視圈中，是端莊、敬業、自重的代名詞。在工作上，她總是大方站在台上，沒有暴露的服裝，沒有插科打諢的言語；上節目前，她一定做好功課，就算早上七點錄影，也會提早到達，連服裝化妝、髮型、配件都一併搞定；她沒有誹聞，不沾染娛樂圈的惡習，和男友長跑七年，一直到父母點頭才嫁。

這樣的侯麗芳，沒有標新立異，大起大落，卻代表了一種價值與風格：她讓平穩、真誠和溫暖，在聲光絢麗中流動，讓美好、希望和正向，在歡樂的氣氛中呈現，看她的節目，總讓老老小小、男男女女都覺得安心與放心。

侯姐把她的故事寫成書了，以前只覺得她說話字正腔圓，這次卻發現她的人生精彩且豐盛！書中洗鍊而精緻的筆鋒，娓娓道出三十多年的點滴，彷彿是台灣綜藝節目的演進史，也帶我們重溫那個時代人事物的感動。

（本文作者為資深主播、媒體人）

〈專文推薦〉
生生世世的好朋友

李復甸

當然在群星會年代，我就知道侯麗芳了！但我們兩家認識，是因為都帶著孩子看戴元良小兒科：高帥男士陪星光閃耀的大明星，鉛華不染抱著娃娃，真是人間仙侶。

熟識之後，才逐漸瞭解這一對敬業認真又熱心公益的夫婦：威孫在國防工業與保安器械的行業中，是非常成功的商人，對於跳傘賽車等各類極限運動充滿熱情，生活豐富多彩；我與麗芳等幾位朋友創辦了「青年之愛文教基金會」，熱心於青年生涯規劃、愛國愛鄉教育、推廣法治；協助後山原住民小朋友課後學習，幫助藥物成癮的年輕人，更連結台灣與大陸小朋友投入「希望工程」。

麗芳不凡的出身與家教，養成不同常人的胸襟眼界。從歌唱、演藝，到主持衛教、婦幼等各類節目，都給大家帶來快樂與知識長進。近年來麗芳跟著退休的威孫到處悠遊，偶有親朋聚會更是散播無限歡樂。有幸結識這對神仙眷侶大半輩子，許多事情也是看了這本書才知道，因此更瞭解這家人，也更珍惜這份友情。我會毫不猶豫對威孫和麗芳說：「下輩子，我還要做你們的好朋友。」

（本文作者為法學教授、律師）

〈專文推薦〉

侯麗芳一家

張毅、楊惠姍

若說我認識侯麗芳，更應該說我認識侯麗芳一家：侯麗芳的先生楊威孫，她的女兒大媛、兒子大慶。

因為輩分的關係，威孫是惠姍的叔叔，麗芳是惠姍的嬸嬸，因此，惠姍和我成了大媛、大慶的「姊姊」、「哥哥」。對侯麗芳這樣仍活躍於演藝事業的明星，「嬸嬸」之稱，出自已過耳順之年的我們，一股「老氣橫秋」之味四溢，因此，大家能免則免矣，倒是大慶大媛出口自然，稱呼比他們長三十歲的父執輩「哥哥」、「姊姊」，覺得有趣之極。

說起「輩分」之事，對今天的世代，多少已經淡了，然而，對於威孫和麗芳，似乎一直是重要的事。威孫來往海峽兩岸多次，爬山涉水，只為了詳究家譜的逐一細節，聽他說起來，常常只是長輩遺下的一個位置草圖，他和麗芳就在杳無人跡、無路徑可行的山野，尋找祖墳所在。最後，只有一堆蔓草荒土之中，燃香焚紙。這些事看本平常，但是深究一下，盡是「倫理」二字。

看了侯麗芳的過往，感觸更深。表面上，不過是麗芳演藝工作的風風光光，然而其中的辛酸波折，無一不是人生價值的抉擇。尤其尤其，威孫和麗芳始戀一段，家中對麗芳的橫阻，文中敘述似已雲淡風輕，但是任何人設身處地，都能揣摩其身心煎熬之苦。以當今社會的青年，早已家庭革命，離家一走了之，豈有含淚隱忍之事？麗芳在演藝生涯，一向正直剛烈，這樣的隱忍，更顯得倫常二字在她的心中之重，令人動容。

當然也必須說：苦了威孫。那段歲月，必是他一生銘心刻骨的記憶。認識威孫的人，都知道他的直率敦厚，面對這樣進退維谷的處境，除了痴痴苦候，料無什麼謀略可施，只有聽候老天發落一途。那樣的苦，仔細想想，竟是威孫和麗芳一致的選擇。

年前，威孫大壽，病後康復，大喜，喝得腳步踉蹌，大媛大慶都在身旁，只見姊弟二人一臉無奈、不以為然的表情，卻步步緊隨、寸步不離的守護，看在旁人眼裡，真是這樣一家人的福分。或者說：更是麗芳、威孫一路走來，心中常有倫理倫常，老天回報的福分。

（本文作者為琉璃工房創辦人）

目錄

〈專文推薦〉人間仙侶／陳君天 001
〈專文推薦〉活出生命的精彩／刁建生 010
〈專文推薦〉一種價值與風格的代表人物／李艷秋 012
〈專文推薦〉生生世世的好朋友／李復甸 013
〈專文推薦〉侯麗芳一家／張毅、楊惠姍 015
〈自序〉與你分享美好春天／侯麗芳 021

南國的風

童年往事 027
我的少女時代 039

明媚台北城

離家三百里：大學時光 047

大家好，我是侯麗芳！ 055
傻鳥的逆襲：不能說的潛規則 061

執子之手

初相識 075
羅馬假期 083
夾縫 097
Yes, I do! 109

麗影芳華

瀟灑漂丿陳君天 119
非典型侯式歌廳秀 125
關於這美妙的乳房…… 133
國民女神：大家攏愛麻奏！ 145

歌星之歌：誰來空中與我相會？ 157

人生如歌

我是楊媽媽 169
夢妳所夢：給追夢的孩子 181
女人要有錢！ 195
下輩子，你願意娶我嗎？ 207
莫惜金縷衣 223
將進酒 229
〈側記〉致那些悠長恆久的幸福／胡曉揚 241
〈代後記〉下輩子仍是夫妻，輪我嫁給她！／楊威孫 249
〈附錄〉侯麗芳作品列表 251

〈自序〉
與你分享美好春天

侯麗芳

二十年前曾有出版社要為我出書，但當時那位文字記者太忙碌，只完成了兩篇。而我自己也不積極，一拖再拖，就無疾而終了。

小哥曾說：「妳應該出本書的。」我卻一直沒有動力。直到去年老公諄諄善誘與鼓勵，終於在二〇一五年十月份啟動了這樁大事。

感謝胡瀞云（胡曉揚）小姐每週到我家訪談一天約十小時，一起回憶往事，完成這個心願。

憶及爸媽對我的疼愛和責難，哥姊對我的愛護，尤其在電視台工作辛苦，家人都非常照顧我、體諒我。想到爸爸沒能搬進我買給他的翠亨村華廈享清福，就辭世了；媽媽晚年失智臥床，承受十年的病痛，身為女兒的我盡力照護和不捨；加上大哥六十四歲英年早逝，往事歷歷在目，再再讓我淚如雨下。

雖是么女，爸媽卻是一直跟著我，謝謝老公讓我陪伴他倆直到送終。這是我一生的驕傲，也是最甜蜜的負擔。我與老公都算孝順、善良，建立甜蜜溫馨的家是我們一生的追求。我常說我不像藝人（在這個圈子裡四十三年仍覺得不太適應），他不像商人，所以我們能相處得這麼好。

婚姻是需要經營的，一點一滴地努力和付出，才會有好的成果。而家庭溫暖是培育下一代茁壯的沃土，感謝老天賜給我一雙兒女。他們是人稱的明星孩子，但都行事低調，毫不仰賴媽媽的明星光環。兩人認真工作，對待朋友同儕熱心誠懇，懂事乖巧。十幾歲時到美國讀書，姊代母職照顧弟弟，從沒讓我們擔憂弟弟在青春期的叛逆作怪。謝謝女兒大媛的付出，姊姊的角色很稱職，成為弟弟的榜樣。也因我們的管教方式，孩子們都有獨立、健康的人格發展，沒有成為靠爸族或媽寶，令人操心。

我真是個幸運的女人，有自己的事業、相知相惜的老公和積極進取的子女，夫復何求？朋友常說：「妳怎那麼好命？」我笑說前輩子燒了香，對方竟說：「妳燒的該是最高級的檀香吧！」大夥笑成一團。感恩爸媽生我育我，感激演藝圈能容納我這個不交際、不應酬、不忮不求始終擁有自我的「正派主持人」（中時記者儲鴻蓮小姐所封）。如今六十五歲了還沒戰死沙場，仍然有各類節目邀請我，主持每年群星演唱會，也有機會為弱勢族群表演，與觀眾分享歡樂，深感自已還是個有用之人。

多麼希望人間處處有溫暖，世上有更多善良的人，讓痛苦、悲傷、失落及憂愁遠離，更期盼這本書能帶給讀者更多正能量。

從小在爸媽哥姊的寵愛下成長，婚後又有身為長子的夫婿體貼我，但我並不恃寵而驕或蠻橫不講理。建議年輕一代朋友婚前睜亮眼睛，多花點時間好好挑選適合自己的另一半，婚後就要努力經營、溝通，彼此互補，將心比心。單靠一方是永遠無法協調成功的。要記得「離婚」這兩字千萬別掛在嘴上，多為家庭付出，不分你我，老天定會眷顧用心、用功的我們。

這本書要謝謝商周出版對我的厚愛，更要感謝瀞云半年來陪著我哭笑悲歡。我倆年歲差了很多，成為忘年之交是難得的緣分。她看著我滔滔不絕，盡情宣洩，始終靜靜聆聽、記錄，時而追問，也會用年輕人的角度分析，提供另類思考方式，使我不致鑽進牛角尖。我家中的總管、祕書、顧問兼司機，也是照顧我和孩子的老公，謝謝你。這本書是我送給你七十一歲的生日禮物，也送給天上的爸、媽和大哥。期望來世還是一家人，再續前緣！

當然，各位讀者你們的欣賞更是我最大的榮耀！

南國的風

童年往事

少年十五二十時，青春正恣意，彷彿是一個縱容無限美好的神祕世界：
裡面有遙遠的美國、正盛的青春、明朗的陽光、歡快的笑語、
還有潔白乾淨沒有蟑螂飛翔的馬桶……
而我，什麼時候才能長大呢？

記憶中的童年，是撲面而來海的味道。

我的父親來自山西，母親是甘肅人，媒妁之言下倉促結婚。我們家孩子的出生地，彷彿是那幾年戰亂遷移的縮時攝影：大哥在甘肅出生，姊姊、二哥[1]來到了西安，小哥則是在新疆高原的空氣中、迸出他新生兒的第一聲哭嚎。後來時局亂了，父親跟著軍隊撤退，母親帶著孩子們一路逃難，海上漂泊了幾天，才終於輾轉來台。命運的巨輪冥冥牽引，大半輩子沒看過海的大漠兒女，就這麼來到了台灣，一個充滿海洋氣息的島嶼。

我是家中唯一在台灣出生的孩子，記憶中的童年，就是在台南運河畔抓小螃蟹、灌蟋蟀，大口呼吸混合著海水與河水、鹹鹹暖暖的港口氣味。家人喜歡麵條烙餅，我卻從小熱衷米飯、擅長吃魚，十足十的海島女兒。那時飯桌上常出現肉臊子，每人一碗清白麵，伴著肉臊子吃，為著省錢。另外就是最便宜的吳郭魚，小小三條剛好擺一盤，一家六口人、每人半邊。我總很快吃完自己的魚後，瞄準父親下手：

「爸爸，你的魚你要吃嗎？」我巴巴地盯著父親眼前的半尾魚。

「喔，我不吃，」父親從沒有讓我失望。他笑了，露出一排潔白的小暴牙：

「妳吃，妳吃。」

我三兩下便將魚肉魚骨收拾得清爽精光，母親忍不住驚嘆：

「我們北方人不會吃魚，貓吃糨糊似的沾一臉毛，倒是這個麗芳，專挑魚吃，真的是台灣人喔。」

如同所有的眷村孩子，我們的父母在戰亂中來到台灣，大家都差不多窮。南北鄉音混雜的眷舍，一切都非常克難。一開始，大家惶惶然揣著行李隨時等著反攻大陸；隨著一年一年過去，低矮的竹籬笆內，開始搭起了藤架、釘了個大雞籠；夏天來了，青翠的藤蔓垂下一顆顆飽滿的絲瓜，白胖胖的來亨雞在瓜棚下跑來跑去。我們撿拾著溫熱的雞蛋，跑到對街菜市場的小菜攤，換幾個銅板回家。有一天，家裡的泥土地刷上了清爽的水泥，後來大哥又為家中添購了一個咖啡色的唱盤——生活看似穩定了下來，動盪遷徙的日子逐漸遠去；海的那一邊，成了父母親心中遙不可言的鄉愁。

父親是何時開始沉默的呢？母親又是何時開始，變得強勢凌人？

自我有記憶以來，家中的爭執總是一觸即發；放學途中，只要遠遠看到鄰居小孩從眷村跑來，我的心便咚咚咚狂跳了起來……

「侯麗芳妳爸媽又吵架了！」

我奔回眷舍，竹籬笆前已站了些探頭探腦的鄰居，母親的咆哮與父親的爭辯，在空中激烈地交鋒。我趁亂躡手躡腳溜進家中，機靈地盤算著還有什麼功課沒寫完？哪些家務可以先做好？我從小機敏，長大後更善於察言觀色，算來應該是家裡訓練的好。

這些怨懟真要細究，最早可能要追溯到當年說媒，第一次見面，父親全程端坐著，已至於結婚當天，母親才發現他個兒不高，自此結下疙瘩。加上後來經歷戰亂、窮困與奔波，生活中諸多苦楚與磨難，磨蝕了彼此的耐心。為了平衡心中的委屈，母親發展出一個奇妙的抒壓方式，就是跑醫院。

母親逢人便喟嘆自己身體不好，一有什麼風吹草動，馬上上醫院掛號，詢問醫師是否需要住院檢查。如果實在檢查不出什麼問題，就拜託醫師幫她打打營養點滴。有時，醫師還真找出些毛病：「嗯，您這有點問題，我給您開個藥。」

只要聽到這句話，即便只是背疼、咳嗽這些無關痛癢的小事，母親的焦躁與病痛，便奇妙地舒緩下來。才拿著藥離開醫院，人已經舒爽了大半。

我的學業成績尚可，倒是從小不怕生，特別喜歡唱歌、跳舞，個子又高，每次慶典活動挑選學生上台，老師的名單中從不會漏掉我。

那絕對是讓其他同學羨慕個半死的差事——被選上的同學不用升旗，我們在舞蹈教室，練著各種好玩的舞蹈：蒙古舞、新疆舞、筷子舞……我愛極了，每個關節都練得靈活痲利，尤其戴上瓜皮帽跳起蒙古舞，脖子簡直不是自己的！最期待的是表演當天，老師會幫我們梳上漂亮的頭髮、化上很厲害的大濃妝，再換上訂製的新衣服，上台前照照鏡子，瞬間覺得自己漂亮的簡直要飛天了！

有回在電視上看到芭蕾表演，那綴滿蕾絲的蓬蓬舞衣彷彿對我施了魔法，魂整個給勾了去：自此我走路想著、作夢夢著、連吃飯都痴痴纏纏，幻想那夢幻蕾紗如果穿在我身上，該有多漂亮呢？朝思暮想好幾天，我和父親提出想學芭蕾舞的要求。父親笑了笑，說，我們去問問看吧。

循著台南的街道，我們找到一間芭蕾舞社，老闆窸窣窣翻了些資料，報了一個讓父女倆瞬間黯然的價錢。父親拉著我的手緊了緊，說了聲謝謝，我知道他比我還失望。

「我們走吧。」

他將我抱上腳踏車後座，我們沉默地騎過台南的街心。那個傍晚的風有點涼意，我緊緊抱著父親的肚腩，小臉貼著他微微出汗的背脊。經過石子路，車一陣顛簸，我望向路的盡頭，芭蕾舞社已經看不見了，夕陽將我們的身影拉得好長、好長……

眷村附近有個天主堂，美麗的玫瑰花窗不時飄出一首首聖歌：悠揚，莊嚴，祥和，雖然沒一句聽得懂，還好無礙於我對教堂彌撒的著迷。每次唱聖歌，我總是教堂裡最賣力的兒童，後來還煞有介事地擔任起聖歌小隊長。而某一年的聖誕節，聖母瑪麗亞果然應許了我對她的痴心……

那個年代物資缺乏，孩子們沒有零食、玩具，多半撿著哥哥姊姊的舊衣穿。唯一穿新衣的機會，就是每年長高，父母不得不幫孩子買新制服。所以每年過年，大家在爆竹聲中鑽出眷舍互道新年快樂時，就會出現一個奇異的景象：孩子們都穿著簇新的學生裙、學生褲，整個眷村簡直像是學校開學的新春團拜。

因此，平安夜的彌撒上，神父身後那件蕾絲蓬裙小洋裝，立刻奪走了所有小女孩的眼球，其他糖果文具奶粉瞬間黯然無光[2]。抽獎進行到尾聲，蕾絲小蓬裙氣勢磅礡登場，小女孩們緊握著手中的抽獎籤單，屏息盯著台上的神父；他將手伸入箱子，調皮地選了好久，終於拿出一捲籤單，微笑地望著台下：

「這一定是個 good girl。」

神父緩慢地唸出我的籤號。剎那間我覺得腦門缺氧，差點沒暈過去……

洋裝真的是我的了！她有著很美的蕾絲：粉綠的、粉藍的，鑲著閃亮的珠珠，夢幻得簡直不知拿她怎麼辦好，我愛極了，天天抱著入睡。那年過年，我像隻漂亮的小天鵝，天天穿著蕾絲小蓬裙：吃飯也穿、騎腳踏車也穿、連爬樹都穿，誰還理學生裙呢。

大哥長我九歲，當我和小哥還在眷村的小巷弄裡跳格子、玩彈珠時，他已經赴屏東念空軍幼校，是個長手長腳的帥小伙了。

我一向和大哥最親，最期待就是每個禮拜天，大哥放假回家的日子。他的背包裡，總會帶些新奇的玩意：幾張西洋唱片、時髦的外國雜誌，學校的食物：麵包、餅乾、五爪蘋果、巧克力保久乳……天啊，尤其是食物！光是擺成一排，就足夠羨慕死整個眷村的小孩了！

「而且，學校還有抽水馬桶。」大哥淡淡地說。我羨慕的眼睛都快跳出來了。

眷舍沒有抽水馬桶，我們上廁所，得到公共廁所排隊：那晦暗潮濕的狹小空間，鬼火般搖曳的五燭光燈泡，經年不散的尿騷味，最恐怖的是會飛的巨大蟑螂，每次上廁所幾乎都像野戰突襲，隨時有蟑螂大軍從四方襲擊。我在家裡負責倒痰盂，每天早上拿著一壺尿到公共廁所，一路上祈禱不要遇到同學，偏偏總遇到男同學，窘得我拿痰盂遮住臉加速逃逸，尿有沒有潑出來也管不著了。

偶爾大哥會帶同學一起來玩，那簡直是開Party了：唱片在黑膠唱盤上轉動，蘇．湯普森（Sue Thompson）慵懶的歌聲低吟著〈悲劇電影〉（Sad Movie）；我們弄來一塊大冰塊，用扁鑽敲得碎碎，淋上糖煮鳳梨，做成一大盆痛快的鳳梨糖水冰；大哥和同學們鬧烘烘地擀麵皮、包水餃；我坐在窗邊跟著唱西洋歌，注音符號註記了滿滿一張紙：「ㄙㄟ～木咪～歐威茲咩咪ㄎㄨㄞ～歐歐歐～」院子裡的來亨雞呼嚕嚕一陣打鬧，連灑進窗內的樹影，都歡快地跳起舞來。

大哥疼我的表現就是特別愛鬧我，有次他帶回來一個馬鈴薯美乃滋麵包，我一吃驚為天人，地球上竟有此等食物！我自小愛吃，這下更是吃得來不及講話，大哥忍不住貧嘴虧我：

「還吃還吃，瞧妳這窮酸相，」他戳戳我的腦袋瓜：

「再吃，妳的臉就跟盤子一樣大了。」

我氣得整天不和大哥講話，怎麼逗都不理。傍晚，大哥要回學校了，我癟著嘴坐在窗前，氣嘟嘟地盯著窗外的絲瓜藤，風正吹得他們左搖右晃……

「小麗芳，小麗芳，」大哥彎身探進窗內，行李帥氣地搭在肩上。我賭氣轉過身，小辮子甩了半天高。

「別氣了嘛，小麗芳，」眷村的房舍四面都是窗，大哥拐個彎，笑嘻嘻地又繞到我面前，「小麗芳，哥哥要走囉。」

我盯著大哥，陽光灑在他的眉毛上，眼睛上，他帶著帥氣的空軍大盤帽，笑容和台南的太陽一樣俊朗……

少年十五二十時，青春正恣意，彷彿是一個縱容無限美好的神祕世界，裡面有遙遠的美國、正盛的青春、明朗的陽光、歡快的笑語、還有潔白乾淨沒有蟑螂飛翔的馬桶……

而我，什麼時候才能長大呢？

小五時，父親從台南一聯隊補給官的職位退休。那陣子父親常拉著椅子，坐在瓜棚下，沉默地看著夕陽下山。有時我陪在父親身邊，一起安靜地望著滿天彩霞凝聚又消散，望著山頭溫柔地吞噬了夕陽……

「爸爸，你在看什麼呀？」我忍不住問。

父親摸摸我的頭，沉吟了片刻：「……你們，還那麼小。」山頭迸出了第一顆星子，對我眨著眼，我卻望不穿父親眼中的憂愁。

後來父親和對面菜市場的老闆，租了攤位旁的一個小枱子：天還沒亮，他就著忙著揉麵糰、做油條，大鐵盆弄得哐噹哐噹響，整個人又活力了起來。每逢假日，我跟在父親身邊，拿著筷子炸油條、烤燒餅、找零錢，忙得不亦樂乎。隔陣子父親又找到一個小麵店，自此更忙了，每天和母親忙著麵店生意，姊姊則扛下了大部分的家務。一切看似重新上軌道時，我卻病倒了。

那天放學，我騎著腳踏車要到麵店，幾個學校的小男生跟著我，大聲嬉鬧著：

「侯麗芳，猴子侯！猴子侯，屁股紅紅！」我知道他們在鬧我，尤其最討厭這一句：

「侯麗芳屁股紅紅！猴子猴子！」

我氣極了，奮力踩著腳踏車，想要甩開這一串猴子怪詩，眼前閃過一個牛車，來不及看清楚，我便栽了一個大跟頭，濃稠的鮮血從膝蓋上汩汩流出……

那天開始我持續高燒，住進了醫院，課都沒得上了。一大群醫師圍著我束手無策，我的檢體送到台北檢驗，都找不出高燒的原因。燒到後來，頭髮一抓，就大把大把地脫落；醫師開出病危通知單那天，我第一次看到父親的眼淚：

「讓我來代替她吧，麗芳還這麼小……」

束手無策之際，鄰居說可能是受了驚，不妨試試民間方法。於是爸爸騎著腳踏車，帶著一件我的粉紅毛衣、一個我愛吃的波蘿麵包，從家裡一路騎到醫院。沿著運河畔，他一路低聲喊著：「麗芳，回來啊，麗芳……」到醫院後，父親輕手輕腳為我穿上毛衣，生怕弄疼了我；我虛弱地吃著波蘿麵包，久病的味蕾感覺不出滋味，卻在轉頭望見父親眼角的濕潤時，嚐到一陣清晰的苦澀。

在醫院熬過大半個夏季，經歷了漫長的投藥與治療，我的身體終於漸漸康復，卻也因為這場病，錯過了公立初中聯招。

父母希望我隔年再考公立初中。當時家裡經濟太拮据，每到開學，為了張羅三個孩子的學費，父親只得硬著頭皮去借錢，五分利的高利貸簡直吃人不吐骨頭，更別說是私立學校的費用了。然而，重考實在太打擊一個小女孩的自尊——我本來就是大高個兒，晚讀一年更是鶴立雞群，光想到同學們指指點點喊我「留級生」，我便急得幾乎要哭出來，怎麼也不讓步，拗著非念私立初中不可。

母親沉默著，她的眉頭蹙了個憂愁的結；我求救地轉向父親，希望他露出讓我安心的小暴牙，希望他對我說麗芳不用擔心，爸爸來想想辦法……然而父親只是低頭嘆息。那晚我啜泣著睡著，客廳的燈卻一直沒有熄滅，父母說話的聲音朦朧地飄忽著，我的耳蝸子蓄滿了淚花，什麼也聽不清……

隔天，父親的麵店沒有開。他趕早買了火車票，一路搖搖晃晃坐到台北；到姑姑家借錢時，還狠狠挨了一頓數落。母親則拜訪了私立德光女中校長，為我爭取到部分的清寒減免[3]。在爸媽的奔走下，我們終於湊齊了私立初中第一學期的學費。

我的父母有千萬個理由說服我重考，他們卻選擇用自己的尊嚴，來守護小女兒的自尊。

那個夏季，我剪去及腰的長髮，興奮地告別童年，順利進入台南私立德光女中。

---

1 二哥於遷台後一年（一九五〇），因天花過世，年僅三歲。

2 二次世界大戰結束，國民政府於一九四九撤退來台，美國隨後引用四八〇公法，有系統地對台灣提供大量美援，範圍包括軍事援助、各項經濟補助，目的在扶植台灣、共同協防反共。其中美援的食品：如麵粉、奶粉等，是經由教會系統發放，不少台灣人因為領取美援食物，開始接觸西方宗教。當時參與物資發放的基督教或天主教，還被戲稱為麵粉教。

3 當年德光女中的校長為李振英神父，他於一九九二年轉任輔仁大學校長。為了感念李神父當年協助減免學雜費，侯麗芳小姐進電視圈工作後，也提供獎助學金回饋母校，資助德光女中的清寒學生。

我的少女時代

玲是我們裡頭最時髦、家境最好的女孩，
她交了一個成大的男朋友，每週末都去約會。
我們知道她分享的是實戰經驗，
大夥聽得一愣一愣，連口水都忘了嚥……

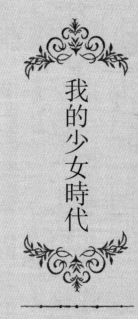

德光女中的制服漂亮極了：百褶裙、白襯衫、長大衣、黑皮鞋，望著鏡子裡的自己，出落成少女模樣，倒是幾分亭亭玉立了起來。制服得量身訂製，自然又是一筆花費，同學用毛呢質料做衣服，我們到布莊挑了半天，最後還是挑了粗布料。能省則省，家裡沒法再花大錢了。

大哥念了空軍官校，開始有薪俸，姊姊也到衛生局打工，家中的經濟壓力才稍稍緩和。父親知道我愛吃魚，有時到市場買鰻魚罐頭，讓我打打牙祭；母親的細膩，則是五碗肉臊子麵旁，總會靜靜擱著一盤青蔥蛋炒飯，那是母親特別為我起鍋炒的，知道我愛米飯勝於麵條。我的家人皆不擅言詞，卻不吝於讓這個小女兒，擁有一點生活中的小確幸——在那物質困頓的年歲，如果我始終能保有少女的天真與樂觀，必是緣由於家人對我的疼愛。

我還是不愛唸書，數學、理化課尤其恍惚的厲害，接近下課時精神倒是抖擻了起來，手緊握著抽屜裡的乒乓球拍，下課鈴一響，立刻狂奔到球桌前。體育課的我簡直虎虎生風：我的籃球、鐵餅、鉛球、乒乓球都玩得極好；班上分組打壘球，兩隊都爭取我當投手，妥協的結果是：兩隊同意共用一個投手，攻守交替時只有我不下場，照樣玩得不亦樂乎。

另一個閃閃發光的舞台，則是演講比賽，只要讓我站上講台，冒青春痘的小女孩瞬間光芒四射：我用眼神往台下兜一圈，一股王者氣勢立即震懾全場，再一開口，對手們全氣弱了起來：「完了完了」、「侯麗芳又要拿第一了」。我從小就擅用聲音、肢體、眼神傳遞影響力，似乎也預言了長大後，長達數十年的主持人生涯。

學校到眷村間有條小捷徑，每天下課後，女孩兒們結伴穿過田埂，收成的季節，纍纍的農作彷彿對女孩們施了蠱，大夥歡樂地奔進豐饒的大地，有人採芭樂、有人摘綠豆，我個子高大不夠靈巧，就負責把風。幾次下來證明：高個子絕對不適合做賊——我太顯眼，一下子就把農夫給引來，大夥跟著我全狠狠挨了罵。玲（化名）的呢大衣在躲農夫時，被鐵絲網刮了個口子，她一邊漫不經心地玩著破洞，一邊對我說：

「侯麗芳我跟妳講，跟男生交往有三道：第一道Kiss，第二道胸部，第三道，」她比比自己的百褶裙：「下面。」

玲是我們裡頭最時髦、家境最好的女孩，她交了一個成大的男朋友，每週末都去約會。我們知道她分享的是實戰經驗，大夥聽得一愣一愣，連口水都忘了嚥……

「跟男生出去玩，」玲繼續說著，神采飛揚地：

「最後一道不可以，其他都可以。」

相對玲繽紛多采的世界，我們清新聖潔得像是清晨初開的小茉莉：念的是女子學校，每天走的是連接女校和眷村的田間小徑，連年紀相仿的鄰校男同學都遇不上。在我們的小星球裡，穿吊嘎的老爸和哥哥是唯一的男性，再來就是學校的神父了，更別提被男生「追」這種好康——好吧，我承認，芭樂園的歐吉桑的確拿鋤頭追過我們——如果勉強要算的話。

初三那年，我再度不明地反覆高燒，住進醫院，人生中第一個「愛慕者」卻在此時出現。病況和小六那年一樣，我迅速地消瘦，吃藥吃到頭髮脫落，體力好些時，就起身到醫院的長廊散步。那是一個很好看的男孩子，在鄰近病房照顧住院的父親，大約是被我病中楚楚可憐得氣質給迷住了，時常寫情書偷傳到我房裡，放了就跑，老看不清他的臉。有天夜裡正燒的昏沉，半夢半醒間，突然發現男孩子坐在我床前，痴痴地望著我。我花容失色地驚叫，男孩子被帶走了，聽說醫師和他懇談了一陣。後來信少了，兩人走廊上偶遇時更顯羞澀，他遠遠地跟著，眼神依然是戀戀地灼熱，卻沒敢再靠近一步……

他沒變成我的王子，我卻終於因病留級了。初四那年安安分分地唸了書，隔年考上南一中分校新化高中，很快地，我又成為學校的風雲人物。

除了考試以外，我幾乎樣樣都出色：我熱愛運動和音樂，在學校的演講比賽所向披靡。真正讓我大出風頭的，是高一時學長姊的畢業晚會，班上設計了一個模擬電視台的表演：我飾演電視上的歌星，要在舞台上唱歌跳舞。這比上課有意思太多了！我向姊姊借來一件阿哥哥大翻領無袖上衣，穿上嫵媚的高跟鞋，前一晚還用老爸的刮鬍刀把腋毛剃得乾乾淨淨。晚會上我氣勢磅礴登場，唱的是英文歌〈吾愛吾師〉（To sir with love），我既嬌媚又清純，全校師生都嗨翻了。隔週到學校，教室後的布告欄，釘了兩封寫給我的愛慕信，同學們臉紅驚叫著一起讀完信，信末的署名是「呂差ㄔㄞ差ㄔㄞ」……

「是誰啊？」我興奮地想。

「呂差ㄔㄞ差ㄔㄞ？」女同學說：「就是要妳猜猜啦！」

在學校玩得不亦樂乎，回到家倒也不捨得多讀書。耶誕節將近，每天一下課，我便趕著去教堂練聖歌。夕陽將落的晚風中，我騎著腳踏車，沿著眷村的馬路，挨家挨戶呼叫聖歌隊小隊員：

「大家趕快趕快，練唱歌囉！」

「練聖歌、練聖歌，」母親擔心地說：

「一天到晚練聖歌，妳以為天主會給妳一個學校啊？」

「沒辦法啊，」我笑嘻嘻地抓著歌譜一溜煙跑走：「我是聖歌小隊長嘛！」

我的學業成績欲振乏力，估計是考不上日間部了，於是心安理得地準備夜間部，倒沒認真想過未來要念什麼。第一次知道世界上有「廣播電視科」，簡直是相見恨晚。

「妳聲音條件好、肢體表達也好，往廣播、電視圈努力，都是有條件的。」

老師說：「廣播電視科很適合妳，拚拚看！」

我糊里糊塗的小星球，突然點亮了一盞八百燭光的燈炬，一切渾沌突然清晰明朗了起來。有了目標後，我認真和書本培養感情，連從來沒搞懂的代數，此刻都有了生命繼往開來的意義，硬背也要背起來。

看在我這麼認真當聖歌小隊長的份上——我一直深深相信：天主一定會給我一個，讓我鍾愛一輩子的科系的……

那年夏天，我考上了世界新聞專科學校，成了廣播電視科的新鮮人。

明媚台北城

離家三百里：大學時光

需要日積月累多少努力，
才能成就一個充滿聲音魅力的李季準？
而對我們這群初生之犢來說，路，才剛剛開始……

某些角度來說，我乖巧膽小得令人難以置信。初來台北時，哪兒也不敢去，只有第一天出火車站時，見識了台北城的明媚與繁華；一切安頓好後，馬上又回到深居簡出的台南土妹子生活。

我和姊姊同住，因為念的是夜間部，每天的生活就是傍晚做菜、等姊姊下班，晚餐後再踩著夕陽到學校上課。白天我不敢一個人蹓躂，連附近的菜市場在哪兒都不知道。所以除了看書、給家裡寫寫信，最期待的事，就是下午街口傳來那聲清脆的「叮鈴鈴～」——賣菜阿伯踩著三輪車來囉！我開心地踩著拖鞋跑下樓，和婆婆媽媽擠在一起買青菜挑蘿蔔。

有天「婆媽團」裡一位和氣的韋媽媽問我：想不想白天找個工作，她可幫我留意。我在家裡悶得幾乎要長出香菇了，連忙說好。慎重地準備了此生唯一一張求職履歷表交給韋媽媽，資歷欄很空曠地寫著「世新廣電夜間部一年級」，自己看了都心虛。

世新的教室與坐位是固定的，會有點名先生照位置點名。後來我發現，除了點名先生，窗前有越來越多的學生探頭探腦，尤其下課時間，專程跑來看我。

「他們說妳長得很像崔苔青，」有同學跟我說。

台南土妹子還是愛漂亮的，不為自己，也得為每天跑來看我的同學們，沒錢燙頭髮，我就每天睡前上軟捲子，隔天頂著迷人的大波浪上學。後來開始有攝影協會找我當模特兒，有時是外拍，有時是藝術沙龍；這對我實在是快樂差事，除了可以拿到美麗的藝術照，也無形中累積我面對鏡頭的儀態與自信。

夜間部白天沒事，有回中廣招考主持人，大夥同學吆喝著壯膽，一起約了去。第一關口試，一進錄音室拿到一篇文字稿，馬上對著麥克風開講；稿子上沒有任何標點符號，一條文字麵一路到底，考的是口條和臨場反應。大夥輪流上場後，滿心期待地在錄音室外等待。主考官推門出來宣布結果：

「第一關口試，你們全都沒過，」這位先生看著陌生，一開口大家都認出來了，是李季準！那口國語真是太悅耳了！

雖然全給刷了下來，我們還是著迷地圍著李季準，想聽聽他給我們的建議：

「我是土生土長的土基隆人。」

「哇……」大夥崇拜地讚嘆著：「你基隆人？為什麼國語說得那麼標準啊？」

「練啊，每天跑到山上大聲練、一直練、一練再練。我的國語，就是一天天給練出來的。」

他用動人的嗓音叮嚀我們：

「你們想要走廣播這條路，回去記得，好好把你們的國語練好。」

需要日積月累多少努力，才能成就一個充滿聲音魅力的李季準？而對我們這群初生之犢來說，路，才剛剛開始……

中廣沒錄取，有天學校廣電大樓貼出徵求節目製作公告，我們一夥人錄了帶子送去，這回終於選上了！節目名為《仲夏夜之夢》，在學校自己的世新廣播電台，每人、每週要做一小時的節目。這機會讓我們興奮不已，電台到底有沒有聽眾也管不著了。

我像個小記者，每天背著錄音機去採訪，回來後和同學窩在錄音間，大夥一起做後製、剪輯、音效、錄音……忙得煞有介事。節目播出沒多久，有天系主任突然找我過去：

「來來來，侯麗芳，妳有一封信，」

我納悶地打開來，一看不得了，聽眾寫信來了：

「呦！」我驚呼：「我們世新電台還真有人聽耶！」

主任也興奮了起來：

「妳趕快回信給聽眾，回完再把信拿回來，我要公布在布告欄！」

收到人生第一封聽眾來信，受到了莫大的鼓舞，那陣子，我常望著木柵整片山頭的點點燈火，幻想在某個昏黃的燈光下，有一位我的粉絲，時間一到，就會虔誠地守在收音機前，滿心期待地旋開收音機……這樣的想像讓我興奮得有點輕飄飄，我更投入了，只要想到什麼點子，就找同學一起來節目玩。直到有天，我接到了「買菜婆媽團」韋媽媽的電話：

「麗芳，郵局有個臨時工的工作，妳要不要來試試看？」

韋媽媽接著說：「一個月九百塊。」

節目誠可貴，粉絲價更高；若為九百塊，兩者皆可拋。我答應了韋媽媽，依依不捨地暫別我的一百零一位粉絲，以及廣播台前玩耍的時光。

郵局的工作，意味著我可以不用再跟家裡拿錢，還有每天吃飯可以多加一道菜——這兩件事對我的人生意義實屬重大。所以當我知道工作內容是「天天撥算盤珠子算報表」時（那個年代還沒有計算機），從小和歷任數學老師一直八字不合的我，還是爽快地一口答應下來。

開始郵局的工作後，一切都很順利，尤其我被安排坐在家蓓旁邊這件事。

家蓓是個非常貼心的女孩，知道我愛吃，有時在家炒個蕃茄蛋、做福州丸子湯，就提一碗到郵局給我，吃得我每天上班都眉開眼笑。唯一美中不足的是：我開始做著「報表數字老是兜不攏」的夢，成天搞得自己緊張兮兮。還好家蓓手腳俐落，每次早早搞定自己的部分，就找同事一起解救我於水深火熱之中——

有家蓓真好！

白天郵局上班、晚上上課的日子，安逸地過了好一陣子，我甚至想，穩穩當當坐一輩子郵局辦公桌也不錯，認真準備起郵局的正式人員考試。有天學校下課，班長帶了他弟弟來找我：

「哥哥說班上有個女生很漂亮，我來看看，」弟弟小廖說：「妳有興趣來試鏡嗎？我們在找節目助理。」

原來他是電視台的執行製作，節目是華視《追根究柢》，田文光製作、邊啟明主持的益智節目，需要助理小姐穿得美美出來串串場，講講話等等……聽起來挺好玩的，我們約了一個時間到華視化妝、試鏡。

當天到了電視台，才知道直接上場來真的，不是試鏡就罷了，還是 Live 直播！工作人員給了我滿滿一張稿子，交代不能講錯，接著有人開始幫我弄髮妝。吹風機在我頭上轟轟作響，我卻緊張得嘴唇直抖，第一次在電視露臉哪！節目尾聲，輪到我上台，我力圖鎮定一一說明獎品內容、抽獎方法，呼，感覺還不賴，進入 Ending 了：

「……請附上回郵信封，郵寄到台北市光復南路一百號，中華電視公獅。」

一說完就知道大舌頭了，懊惱個半死，果然一下台工作人員就跑過來，我趕快自首：

「不好意思，公司講成公獅了，」

「沒關係，正要跟妳說，」工作人員說：「是中華『電視台』。」

我杵在攝影棚等小廖，好不容易他忙完來找我：

「我們先前換了好多助理小姐，要不就是有 Camera face 但不能講話，能講話的呢，又沒有 Camera face，」

小廖說：「製作人說妳有 Camera face 又能講，就妳啦，不要再換了！」

節目每週四現場 Live 直播，我開始需要固定向郵局請假。週四的課也得想辦法，學校的規定是：一堂課缺席如果達三分之二，就得當掉重修。我協調了幾個女同學，輪流幫忙坐在我的位置上——也就是分一些她們的出席率給我——我再找時間請大家看看電影、吃吃飯。有時節目需要觀眾來錄影，我也會找同學一起來玩：可以上上電視、拿獎品，還可以實際參觀電視台的節目製作，對學廣電的同學來說，這是大家很樂意幫忙的差事。

節目助理做了半年多，有天華視主管特地請我到辦公室。他交給我一張紙，我望著「主持人合約」幾個字，驚喜得眼球幾乎要跳出來。

主管要我回去考慮幾天：只要簽了名，我就是華視的正式主持人，有自己的節目，而不是唸唸抽獎方法的助理小妹……

深怕他反悔似的，我慎重地簽好字，隔天就等不及地把合約書交回去了。

那一年我大三，正式走進閃耀的水銀燈下。迷人的舞台，在我面前緩緩拉開序幕……

「五、四、三、二——」

1 世新廣播電台為學校附設，目的是提供世新學生實習的廣播電台，其發射涵蓋區東至深坑，北至陽明山，西至樹林，南至烏來及西北方之台北市繁華區、中永和、三重、新莊、板橋、土城、五股均在其範圍內，甚至三峽、鶯歌、林口等偏遠鄉鎮及鄰縣之桃園、中壢、高速公路沿線的楊梅、基隆，均能收聽。

大家好，我是侯麗芳！

電視人的生涯就此展開，
彷彿拿到一張巨大遊樂場的入場券，
每天玩著不同的遊戲、接觸不一樣的夥伴、
扮演不同的角色、聽著不同的故事……
我是個貪玩又認真的孩子，每天都玩得精疲力竭，卻意猶未盡。

簽約後就是等待節目。電視台有個新節目的構想，總共三位主持人選進入最後評估，分別代表老、中、青三個世代。其他兩位人選，都是電視圈知名度很高的「長輩」和「前輩」，我自然是裡頭最嫩的那個，連「輩」都算不上：完全沒有主持經驗，大學還沒畢業，知名度零，出門買醬油絕對沒有人認得出來，重點是還不會開車，而這個節目需要大量主持人開車出外景……

怎麼看，我都像是來陪榜的。

等待的心情真是七上八下，「放榜」那天，我忐忑地跑到小雜貨店前的公共電話，撥了製作公司的號碼，接電話的是製作人黃聲：

「決定了，就妳。」

「哇！真的嗎！為什麼是我？哇！」我開心地抱著公共電話蹦蹦跳跳，雜貨店的老闆娘、買雞蛋的阿嬤都忍不住探出頭來……

「那我現在要做什麼？」我興奮地說。

「妳現在馬上去報名駕訓班，一個月後考駕照，」黃製作說：「記得先申請一張學習駕照，就可以先上路開車，我們馬上要出外景了。」

直接讓我上路啦？我心想這製作人也太大膽了。後來出外景才發現，這夥人比我想像的還瘋狂：因為不只我坐在車內，另外還有一位無辜的攝影大哥，他得扛著攝影機，拍攝車內往外看的視野⋯⋯

我人生的第一個節目就這麼敲定了，名字叫《南來北往》，教導行車規則、路況介紹、車輛保養、駕車常識等[1]。第一次出外景，黃聲叔叔跟我說明等下的錄影流程，劈里啪啦就是長長一大串：

「妳要從這邊開始，開到那邊（手指一個方向），過兩個紅綠燈，然後把車靠路邊，熄火，手煞車要拉住，然後開門出來，關上門，接下來對著我這邊的鏡頭，眼神定住後開始講話⋯⋯妳，腳本看熟了沒？喔對了，開車的時候，記得保持三十公里的速度，不要太快，不然拍不到畫面⋯⋯」

我越聽越慌：等下要注意前面路況，要看紅綠燈，要留意儀表板的車速，眼神還要看鏡頭⋯⋯對了，上次學的口訣是什麼？「左腳離合器右腳油門」嗎？還是相反？還有腳本，咦，腳本在哪⋯⋯正手忙腳亂，就看到攝影大哥扛著攝影機，天真爛漫地坐上我的車。望著他無邪的笑容，我好想問他：「製作人有沒有告訴你，這是我第一次開車上路呀？」

哎，跟人家說這個幹嘛，把自己和攝影大哥搞得緊張兮兮有什麼好處？我趕緊跟攝影師打了聲招呼：

「大哥拜託你囉，」我對他露出一個嫵媚的微笑：

「對了，請問手煞車是這個嗎？」

攝影師的笑容瞬間凍結……

一夥人心驚肉跳地完成第一次外景，黃聲叔叔看起來很滿意：

「下一場我們去花蓮，拍蘇花公路。」

攝影大哥困難地吞了一下口水，喉節艱澀地動了動，他應該很想辭職吧，我想。

拿到駕照後，漸漸熟悉作業流程，《南來北往》也順利上路。後來又陸續接下幾個節目，馬上面臨的問題是置裝。那個年代沒有廠商贊助這回事，所有服裝的搭配、採買，都需要藝人自己搞定；節目多了以後，我需要準備的衣服也急遽增加：

強調知識性的社教節目，需要套裝凸顯專業感；

主持親子才藝比賽，穿洋裝比較親切；

備有主播台的節目，造型髮妝準備到上半身即可；

開車錄外景的時候，襯衫和牛仔褲就可以上路；

如果是正式的晚會或表演，就需要訂做華麗的長禮服了……

再加上偶爾玩票性質地拍連續劇、上節目唱歌、作作歌廳秀，置裝費成了最大的開銷，一開始的菜鳥薪水袋，大半都交給裁縫阿姨做漂亮衣服了。

此外，那時沒有經紀公司培訓，我們的髮型、口條、儀態都得自立自強。沒錄影的時候，我就對著鏡子說話、走步、練習表情和眼神，「大家好，我是侯麗芳！」這句話，就反覆練習了千百次。節目播出時，更是緊盯著電視裡的自己，只要還有可以進步的地方，就做筆記下來。我用最苛刻的鷹眼檢視著自己，並將全身每一個觸角都打開，近乎貪婪地吸收與學習。

有段期間我手上同時有五、六個節目，從主持到戲劇都有，每天轉開電視都可以看到我。我身邊隨時有一疊腳本、劇本要背：於是上廁所也讀、躺在床上也看，常常在一床的腳本中呼呼睡著又朦朧地醒來，夢裡全是攝影棚的人聲光影。漸漸地，走在馬路上，認出我的觀眾多了，我也開始習慣這些友善的注目和微笑。

觀眾的熱情，有時單純得令人會心：有回錄《造福鄉里》[2]，來了一團南部的民眾，村長帶了兩尾黑呼呼、活溜溜的大尾鱸鰻，指明要送給主持人，我和葛小寶一人一條。我在後台和大黑鰻大眼瞪小眼，完全不知道該拿他怎麼辦好，只好先背回家。那時父母已搬來台北，半夜大黑鰻水土不服，突然一聲「挫啦啦啦啦」，爸媽和我嚇得迅速奔到浴室，三人望著一尾憤怒的大黑鰻手足無措……

電視人的生涯就此展開，彷彿拿到一張巨大遊樂場的入場券：每天玩著不同的遊戲、接觸不一樣的夥伴、扮演不同的角色、聽著不同的故事……我是個貪玩又認真的孩子，每天都玩得精疲力竭，卻依然意猶未盡。

帶著一點點幸運、一些機緣巧合，我這來自台南眷村的女孩，就這麼闖進電視圈，也闖進家家戶戶客廳的那只方盒子裡。

1 一九七〇年代，隨著經濟起飛，台灣自小客車逐漸普及，加上高速公路的路段陸續通車，所以民眾普遍開始有購車、駕車的學習需求。《南來北往》的節目內容設定，在二十一世紀的現在看來也許另類，但確實反映了當年台灣社會的發展概況。

2《造福鄉里》由葛小寶與侯麗芳主持，開放各鄉鎮的民眾組團參加競賽，有時比才藝、有時比各地的特色農產，每集都有新鮮的人、事、物，是個很貼近台灣在地生活的節目。

傻鳥的逆襲：不能說的潛規則

舞台前的掌聲令人留戀，失去舞台的不確定感又如影隨形，
一個把持不住，誘惑便像伊甸園的蛇，
悄然無聲地爬進你心裡，在某一個毫無防備的時刻，
突然一口吞掉了你的純真。然後你才發現：
有一些單純美好遺忘在伊甸園，再也回不去了……

「侯麗芳，晚上〇〇老闆請吃飯，」錄影剛結束，製作公司的同事就在揪人：「妳以前都沒來耶，算妳一份啦。」

「我……晚上有事欸，」我作勢收拾東西，手邊弄得砰磅作響：「先走啦，掰掰！」

回到家，我在廚房裡翻箱倒櫃，好不容易挖出一碗泡麵。瞇著眼檢查保存期限時，老爸探頭進來問：「晚上就吃這個呀？」

「欸。」我點點頭。

有時我也不太確定，自己這樣，能在電視圈待多久？不過就是個應酬嘛，我卻寧願回家泡麵配著電視吃，逃得跟電視台失火一樣快。

電視台每天開門做節目，主要靠廣告收入賺錢。為了維繫電視台、製作公司、廣告主之間長期的合作關係，應酬也就所在難免。這類飯局，總喜歡找女藝人出席，如果來的是大牌藝人，更是讓賓主都做足面子。許多小藝人也樂於出席這樣的應酬，畢竟和電視台主管、製作人越熟，私下再請長官多多關照，以後上節目的機會自然越多。

上面說的，都還是一般職場上的生態，固然不討喜，尚可以理解。檯面下，就是電視圈的潛規則了。

電視節目中，越大牌、越受觀眾喜愛的藝人，自然越搶手，無形也擠壓了其他藝人的曝光機會。不過，如果廣告商「看上了」某個藝人，藝人也「欣然接受」，情況就不一樣了。只要廣告主開口：「讓她唱一首歌，我就買一段廣告，」藝人的曝光量就會遽增。只要妳「願意」，往後的日子，自然有人力捧，砸錢都會把妳捧紅……

演藝圈具備所有令人目眩神迷的元素：圈子裡的紅男綠女，大都有著美好的容貌，名利雙收的機會俯拾即是，卻也處處埋伏著沉淪的陷阱。金錢與名氣來得太快太急，一夕之間踏入這個充滿華服、名車、美鑽、掌聲的世界，才發現所有光鮮亮麗，都有著短暫的保鮮期；舞台前的掌聲令人留戀，失去舞台的不確定感又如影隨形，一個把持不住，誘惑便像伊甸園的蛇，悄然無聲地爬進你心裡，在某一個毫無防備的時刻，突然一口吞掉了你的純真。然後你才發現：有一些單純美好遺忘在伊甸園，再也回不去了……

我呼嚕嚕吃著泡麵，電視裡一個小歌星正在唱歌。我在秀場和電視台遇過她幾次：她歌聲好，但一直沒有真正紅起來，每次錄影，都是媽媽陪著，安安靜靜在後台化妝，感覺是個很乖巧的女孩。後來開始有人接送，出入都是黑頭名車，聽說是個有家室的男人……那陣子她上節目的機會突然多了，「上節目帶廣告嘛，」大家心照不宣，我卻不太願意相信，不知是捍衛著心中那個乖巧的她，還是捍衛著某塊不願意崩落的純真。

有回我們一起到台中作秀，作秀的第三天，那男人果然出現了，明顯不搭嘎的年齡和品味，站在她身旁顯得如此突兀。小歌星的媽媽看到男人出現，識相地自己先離開；表演結束後，小歌星跟在男人身後離開，傳說中的黑頭名車，載著他們揚長而去……

電視圈是個微型社會，有著千奇百怪的各式生態，以及屬於這生態的叢林法則。第一次知道是震驚，後來見多了，明白是圈子裡的遊戲規則，自此我築起了一道牆，嚴嚴實實地保護住自己的心。工作時我比誰都努力，但錄影結束我就離開。我不和長官、廠商應酬，每次都找藉口開溜；我不撒嬌、不涎著臉討好，剛正耿直得像公園裡的紀念碑。

有時我會想起在郵局工作的日子，其實現在的生活也沒什麼不同：差別只是那時拿著算盤，現在拿的是麥克風，而我依然是我——在五光十色、龍蛇雜處的演藝圈裡，特立獨行卻怡然自得。

☙

錄影的空檔，小何跑來找我：

「學姊，我公司有個客戶，想找妳拍廣告，妳有興趣嗎？」

小何是我世新的學弟，在製作公司當廣告業務，我手上有他們公司的節目，算是圈子裡的舊識。我想可以約時間談談，便讓小何來安排。

約定的日期到了，小何來電視台接我，上了他的車，我忍不住發牢騷：

「討論廣告腳本，為什麼不約白天，非得約在晚上呀？」

「這老闆很有心，從南部一路開車上來，到台北天都黑了，」

小何說：「我們就配合一下嘛。」

飯店大廳垂墜著華麗的水晶燈，慵懶的爵士樂緩緩流洩，舞池中的紅男綠女，正親暱地耳鬢廝磨，兩兩依偎。小何帶我繞過舞池，來到側廂的宴會桌，我被安排坐在老闆身邊。寒暄閒聊後，同桌的賓客陸續下舞池，我禮貌地問特地北上的老闆：

「我們是不是談談拍廣告的事？」

老闆笑了：「不急，不急。」

又閒聊了一會兒，我有點按捺不住了：

「老闆，今天來，不是要給我看廣告腳本嗎？」

老闆呵呵地笑：「這待會兒再說。」

我隱約覺得不太對勁，突然桌子底下一隻手在游移，低頭一看：老闆帶著金戒指的手和一個裝滿鈔票的牛皮紙袋，正停在我大腿上！

我驚呼：「這什麼？」

「見面禮，」老闆笑嘻嘻地說：「我不知道要給妳買什麼，妳自己去買。」

我拉高音量：「老闆，我是來看腳本、談廣告的。」

我霍地起身，將牛皮紙袋用力拽在桌上：「我不知道這是什麼。如果你不拍廣告的話，對不起，我先走了。」

眾賓客一片嘩然，我拿起皮包，穿過舞池，逃也似地離開飯店……

我自然明白：當我豪氣干雲地將錢砸在桌上，用這麼激烈的方式，讓色老頭出盡洋相——那一刻起，我的未來，已不是我所能掌握。我手上的節目很可能被撤掉，畢竟在這圈子，最不缺的就是聽話的美女，而類似的故事周而復始地上演，早已不足為奇。

隔天就要錄影了，我打定主意：如果被刁難，我就離開。我學的是廣電，進演藝圈做的是電視，不是來出賣靈魂的。至此，我俯仰無愧。

一早進攝影棚，助理小妹遞給我一疊熱騰騰的 rundown，布景師搬著道具忙進忙出，一切似乎平靜如昔。

清潔阿姨提著拖把經過，我笑著跟她打招呼：「阿姨早安啊，吃飽了沒？」

「侯小姐妳人真好，」阿姨笑著說：

「所有明星裡，只有妳會跟我們打招呼欸！」

唉。我想，說不定明天我就不見了。坐下來正打算讀腳本，才發現小何竟然在攝影棚等我：

「你還有臉來見我!?」我連忙先發制人，伸頭一刀縮頭一刀，起碼氣場不能輸人。

「侯姊，我們到樓下咖啡廳，坐著好好講？」

到了華視咖啡廳，找了一個方便談話的角落，我屏息等待小何帶來的宣判。

「○○老闆要我一定要當面跟妳講，」小何開口了：

「他說，只要妳願意跟他，妳要拍電影、出唱片、演戲、主持，想做什麼都可以。」

「○○老闆還說，只要妳不計較名份，不管妳要做什麼，他絕對負責把妳捧紅……」

小何滔滔不絕地說，我望著他的嘴一開一合，竟覺得新奇：原來，事情都是這樣開始的。

「你告訴他，他看錯人了。」我溫和而清晰地打斷他：

「我今天來這工作，全憑自己本事，我沒有任何後台，能做我就做，不能做，我自己會回家。請你把這些話帶給他。」

留下滿臉錯愕的小何，我回到攝影棚，導播正吆喝著：幾點啦，準備錄影啦……

踩著倔強的高跟鞋，我挺直腰桿，精神抖擻地踏進攝影棚……

一天的工作，馬上又要開始了。

廣告事件後，我做好了回郵局重拾算盤的打算，每天進棚都當成是最後一次錄影。那天晚上的事，製作公司和我都沒有再提起，相安無事了好一陣子，才漸漸度過「危險期」。看來那位老闆固然好色，氣度倒是有的，並沒有對我挾怨報復。

接下來幾年，我加倍努力，手中也一直維持著四、五個節目，正當我以為這隻逆風的傻鳥，終於闖出自己的航道時，卻遇上了此生事業的低潮。

台視和我洽談一個新節目，希望藉此將我挖角過來[2]，同時間海山唱片與我談合約，也建議我跳槽台視，曝光機會更多。對我而言，這不是個容易的決定，畢竟我在華視是一線主持人，手中同時有五個節目，如果跳槽，這一切都要歸零，從頭開始。台視持續釋出極大的誠意，其中最吸引我的是新節目的型態，那是我未曾嘗試過的風格。我決定放手一搏，到新環境闖闖看。

新的旅程開始！對於這在台視的處女航，我既興奮又期待，不但和製作團隊討論節目內容、設計出許多單元，造型團隊也為我定裝、拍了照，一切照著節奏順利進行。錄影前一個月，卻突然接到電話：我被換角了。

我感到頭皮熱辣辣地發麻、腦袋一片空白，製作單位一再抱歉，似有難言之隱。在我追問下，才吞吞吐吐地吐露實情：另一位女明星，透過她的「男友」，向製作單位點名要主持我這個節目，「上面」給了壓力，他們不得不換角。至於她「男友」是什麼身分，大夥也就心照不宣了。

傻鳥逆風飛行了很長一段時間，終於還是狠很撞上了五指山，摔了個鼻青臉腫。

從當節目助理開始，到簽約當主持人，我的演藝路走來堪稱順利，第一次遇到這麼大的打擊：突然間，我手上一個節目、一個工作都沒有了，整天在家裡閒得發慌。轉開電視，看到本來屬於我的節目，換了別人主持，看著她每集出外景飛遍世界各地，我好強又好面子，苦悶得幾乎要憋出病來。

電視台對我過意不去，隔了一陣子，又為我籌畫新節目。大節目的熱門時段被搶走了，就由冷時段的小節目開始。我把握每一個曝光機會，比以往加倍努力。漸漸地，《十步芳草》、《和你在一起》、《週五大家見》……新節目一個接著一個來；一段時間後，台視開始將大型典禮、晚會的主持，放手由我發揮。

第一次接下台視跨年晚會的主持，介紹藝人出場時，仍感到作夢般輕飄飄：在我身後站成一排的，不是當年名號最響亮的藝人，就是從小聽他們歌長大的歌星；我興奮地想，這大概是我主持生涯的巔峰了！

跨年晚會後，中華民國電影協會來電，邀請我隨代表團赴新加坡[3]，主持亞洲影展典禮的表演晚會。當年台灣電影襲捲全亞洲，代表團一下飛機便引起瘋狂追逐，大批影迷整晚駐守在飯店外，我們想偷看外頭狀況，才撥開窗簾，馬上引起一陣陣止不住的尖叫……

「這樣怎麼出門啊？」我們在飯店討論著。

典禮當天，當地出動大批警力，在飯店外圍成兩排人牆，將熱情的影迷與我們隔開。影迷唯一能接近電影明星的機會，便是典禮後的表演晚會，我在後台梳化、準備上台，只聽見外頭陣陣的呼喊，層層潮湧，如波浪般襲來：「林青霞、林青霞」、「秦漢、秦漢」、「鍾鎮濤」、「胡茵夢……」探頭往外看，露天廣場上人山人海，完全看不見人潮的盡頭，遠遠近近的樹上，都掛滿了人……

「侯姐，準備好了嘛？」節目總監跑過來問我。

我的心臟如擂鼓一般撞擊著喉嚨，拿著麥克風的手在發抖。閉上眼睛，深呼吸，再深呼吸……心裡默唸著開場白的台詞，已經背得滾瓜爛熟，一定會有好的開始吧！在胸口虔誠地畫了十字，我感覺呼吸漸漸平緩，張開眼睛，和總監點點頭。開場音樂響起——

「各位新加坡的朋友，我是侯麗芳，大家晚安！」我聽見自己的聲音：平穩明亮，朗朗大方，於是露出自信的笑容：我知道沒問題了！

在數萬名影迷幾近暴動的熱情中，晚會圓滿落幕，大夥興高采烈地慶功，向我道賀主持成功。我開心地和大家敬酒，苦盡甘來的喜悅，滋味特別甘美……

傻鳥的努力，終於被看見了。這兩年，從最冷門的小時段開始，我沒有被擊倒，一步步逆著風走到這裡：如此盛大的晚會，我與代表台灣的、光芒熠熠的大明星，一起站在舞台上，我侯麗芳，竟也有這一天！侯麗芳，妳真的做到了！

老三台當中，台視創立的最早，收視人口也比其他兩台多。在台視累積出觀眾群後，最奇妙的改變是：

以往走在馬路上，路人總是對我說：「妳長得好像崔苔菁。」

轉到台視後，我最常聽到的是：「妳長得好像侯麗芳！」

我像隻叛逆的鳥，始終奮力逆風飛行，每一個振翅都比別人費力。

這就是傻鳥的逆襲：即使逆風、即便跌得鼻青臉腫，也要奮力再起，飛舞出傻鳥專屬的天空……

1中山高速公路於一九七一年動工，至一九七四年底，完工路段僅限內壢至三重，全長僅三十公里。因此當年（一九七四年）南北的交通，主要仰賴省道與縣道，並無高速公路可行。

2老三台的時代，一個藝人只能與一家電視台簽約。一旦簽約，便無法在另外兩家電視台演出，除非合約所屬的電視台願意外借藝人。演藝人員簽約制度，直到一九八〇年代末期才全面廢止。

3一九七九—一九八〇年，應中華民國電影協會之邀，侯麗芳小姐隨台灣電影代表團參加亞洲影展，並於表演晚會擔任主持人，兩屆晚會皆在當地帶來轟動。一九八三年後，亞洲影展正式更名為亞太影展。

執子之手

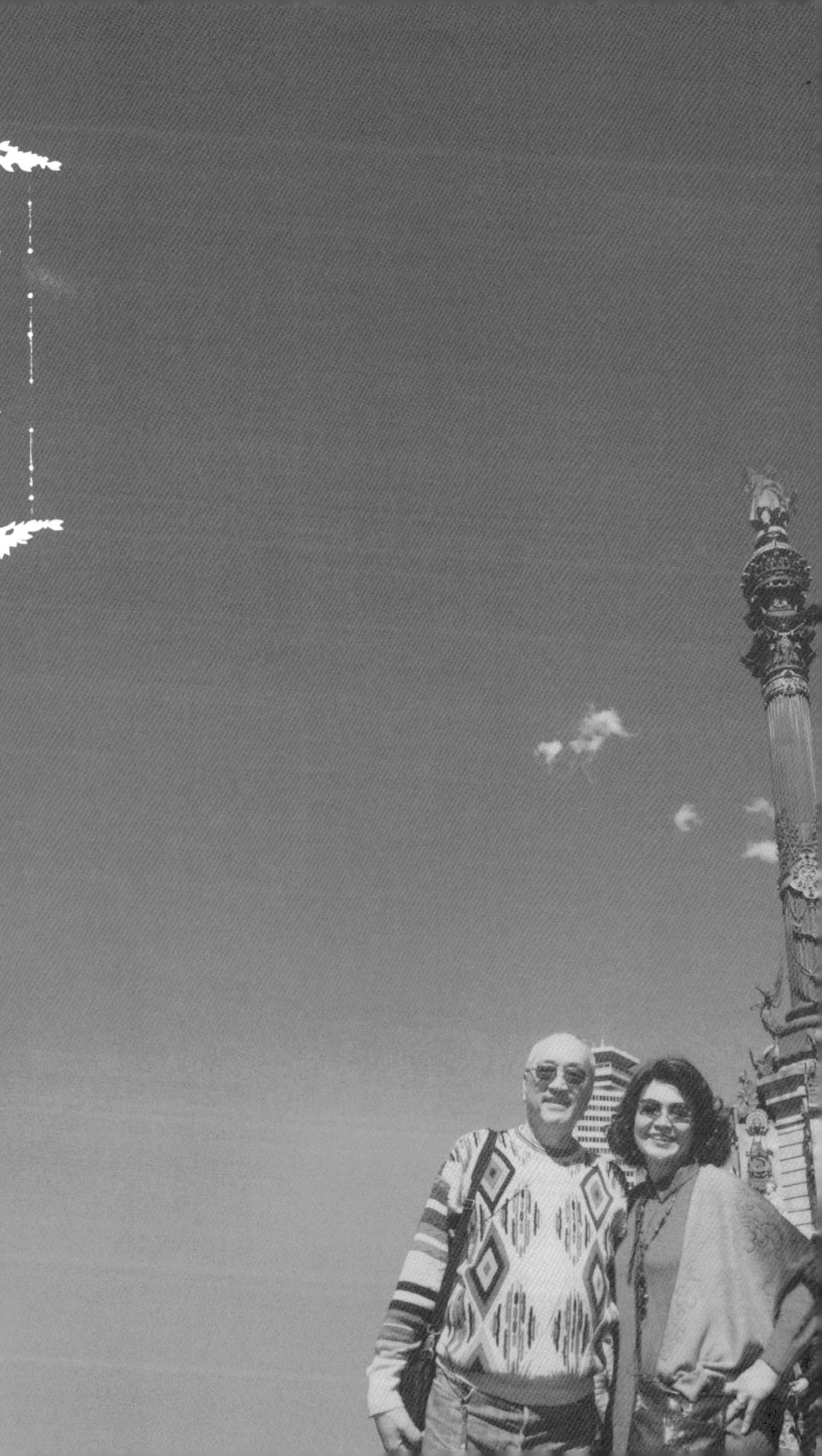

初相識

蒹葭蒼蒼，白露為霜。所謂伊人，在水一方。
溯洄從之，道阻且長。溯游從之，宛在水中央。

——《詩經．秦風．蒹葭》

「娜拉颱風昨天突然轉彎，目前原地打轉，今天如轉向東北，恐對台灣造成難以估計的危害。氣象專家表示……」

啪！他撐開長柄英國紳士傘，走到門外張望，母親趕快把廣播轉小聲，說：「我看還是不要騎摩托車吧，街口就有公車。」

突然一陣風，路上的樹跳起狂亂的舞。楊回頭答應了母親，快步往公車站牌走去。

一路上他還想著公司的事。那個年頭流行一段話：「西門町招牌砸下來，三個有兩個在做貿易。」楊也有這樣一個創業夢，但他希望自己不是被砸的那個。他們幾個年輕人一起，很認真地弄了個貿易公司，目前還在辛苦地奮鬥——就像這颱風天裡的行道樹，盡全力想站住腳；才說就來一陣風，一整排樹幾乎吹歪了腰……

今天排隊搭車的人比較多，他加快腳步走向公車站牌。猛地，他深吸了一口氣，簡直不敢相信自己的眼睛。

是她！她穿著迷你裙，烏黑的頭髮雲朵般地披在肩膀上。她和身邊的朋友在說話，聽不清楚說了什麼，兩個女孩低頭笑了起來。

和第一次見到她一樣，人群中，楊一眼就看到她。那天是在學校，夜間部剛下課，隧道裡都是學生，她就這麼躍入他眼底：大大的額頭，很高䠷，很秀麗……當時他心中閃過一個奇異的念頭：「我未來的老婆，應該就是長這樣的……」楊向來覺得女孩子挺麻煩，那天晚上是他這輩子頭一次想到「婚姻」，而楊甚至連她是誰都不知道。

公車來了，他隨著女孩上車，心裡打定主意：這次一定要跟緊了……他也不知道能做什麼，只是不想再錯過。隧道之後，他曾兩次在校園附近偶遇她，她身邊總有三兩個女同學，楊苦無方法接近。於是他只能騎著他的蘭美達遠遠跟著，盡量讓自己看起來不像個怪怪的變態……

「楊威孫？」公車後頭竟殺出個程咬金，同學發現了他：

「快過來，後面有位置！」

他拚命擠眼睛、搖手，程咬金同學卻完全不解風情：

「這邊有位置啦，趕快過來！」

楊勉為其難往車後移動，眼睛卻勾勾地望著女孩，哎，為什麼她身邊總有女同學呢。同學問楊去哪兒，他心不在焉地說「公館……」，話還沒落地就看到女孩拉了公車鈴，他一驚立刻追著下車，隱約聽到後面咬金同學的呼喊：

「不對吧，喂！這裡是萬隆啊……」

原來她在這一站下車。

終於擺脫了她身邊的女同學，程咬金也順利留在公車上，他第一次離她那麼近，感覺每一個細胞都快樂地唱起歌來……

我沒注意到這男人何時站到我身邊。他在我身後啪一聲撐開長柄傘：

「小姐，你沒帶傘啊？」

我抬頭看了他一眼，挺高的，沒見過。我沒答腔。

「妳是世新夜間部的？」他說。

「你怎麼知道？」

「夜間部的筆記本是紅邊，日間部是藍邊，」

他說的是真的，我好奇了：「你是世新的？」

「我是你學長，報業行政科。」男人說：「妳呢？」

「廣播電視科。」

我們一起上車，我拿出月票卡，他則掏出一大把銅板，讓車掌小姐撿走了幾枚。

「你怎麼有這麼多銅板？」我很驚訝：「現在市面上，都找不到銅板了耶[1]。」

「喔，怎麼會？」男人很誠懇地說：「妳要銅板呀，我換給妳。」

「……不用啦。」

「真的真的，」男人笑了：「學長有幫助學弟學妹的義務。」

我們一搭一搭地聊，轉南京東路時，他到站了。下車前，他突然轉身對我說：

「中午十二點，凱莉西餐廳，我準備五十個銅板等妳。」

我大驚：「喂，你……」

車門刷地關上，我往窗外望，車窗上的雨滴併流成好幾股小河流，流離模糊什麼也看不清。他走了，完全沒有給我機會拒絕。

那天不用錄節目，我卻整個早上心神不寧。他想做什麼？到底該不該去呢——取消好了！下這個決定我鬆了一大口氣，馬上查了餐廳的電話，侍者客氣地問我：要取消誰的約？

「一位先生，穿白襯衫……」忽然發現我連他姓什麼都不知道。怎麼辦？他到底誰呀？不去好嗎？萬一他真的在那巴巴地等呢……

坐這已經半小時了，她會不會來呢？楊其實一點把握也沒有。

餐廳的門開了，風雨呼呼地灌了進來——她撐著傘，迷你裙下全淋得濕答答，她真的來了！

這男人到底要做什麼？我第一次認真地觀察他：腮幫子刮得青幫幫的，很有禮貌，舉止得體，還拿著一把講究的英國紳士傘。

我試探地問他幾個孩子了，他笑笑說：「我還沒結婚吶。」忽然覺得自己上了賊船。我想：他大概是要追我了。

他真的細心準備了五十個硬幣，還不許我拿紙鈔交換，要我下次請他吃飯。告別前，他問了我的電話，慎而重之地記在紙條上。還有，這回我可搞清楚了，人家姓楊。

往後的兩個禮拜，我照常錄影兼公司小妹：打印、送件、打掃、倒水、接電話……日子一如往常平靜無波。他沒有打電話來。我忍不住揶揄自己：想太多！人家只是好心幫忙換硬幣，他不是說了嗎，學長有幫助學弟學妹的義務！電話鈴聲響起，我趕忙接了起來，這兩天有個廣告公司一直催著我答覆，八成又打來了。

「我找侯麗芳小姐。」

「ㄟ，你是那個〇〇廣告公司的老闆對吧，」我性子急，劈頭就劈里啪啦講了一串：「我跟你說喔，那個通乳丸廣告，我想了想覺得實在不適合，尤其還要穿比基尼，你找別人好了，我……」

「嗨，妳在說什麼呀？」對方開口了：「我是你學長，楊威孫。」

一九七三年的秋天，我們就這麼開始戀愛了。

1 一九七三年初，從台灣中南部開始，市面上的一元硬幣越來越少，商家都無法找錢，後來這種情況蔓延到台北。央行總裁俞國華特別出面安撫民眾，強調一元硬幣絕對夠用。但是過了幾個月，一元硬幣短缺的情況非但沒改善，反而更加嚴重。

一般相信，可能的原因之一，是在惡性通膨的壓力下，坊間謠傳「硬幣比紙幣能保值」，因此硬幣被民眾搜刮一空。另一個可能的原因，為當時政府獎勵兒童儲蓄，市面上出現許多透明的塑膠豬撲滿，孩子們不忍心殺掉美麗的豬，寧願當作擺飾。後來央行為了挽救硬幣短缺的危機，甚至在校園之間，推動小學生「殺豬救國」的活動。

羅馬假期

靜女其姝，俟我於城隅。愛而不見，搔首踟躕。
靜女其孌，貽我彤管。彤管有煒，說懌女美。
自牧歸荑，洵美且異。匪女之為美，美人之貽。

——《詩經・邶風・靜女》

結束了一天的工作，如果時間還早，楊就會來攝影棚等她。

喧鬧的音效、華麗的燈光，水銀燈下的每張臉孔，都顯得如此光彩亮麗，包括她。尤其是她。

錄完最後一節，導播喊收工，她看到在攝影棚旁等待的楊，開心地笑了。

楊一直不太看電視，所以一開始，並不知道她在節目當助理小姐，是上電視的人。更沒料到認識一陣子後，她會簽下電視台的主持人合約，正式踏入演藝圈。偶爾他經過書報攤，看到雜誌封面上的她，忍不住會想：假如早一開始知道……他會有勇氣在跳下公車前，告訴她「凱莉西餐廳中午見」嗎？

她卸了妝容，換上輕便的服裝，爽朗地說：「走吧。」

相對於芳的高知名度、高收入，楊的確是個窮小子，公司營運還沒上軌道，每個月都在損益兩平的邊緣奮鬥。她體貼到這些，主動提議「約會基金」：兩個人各拿一筆錢放到信封裡，由她來記錄、保管。到了月底，錢不多了，就到路邊攤，說說笑笑，一樣吃得有滋有味。他們都忙碌，這夾縫中的時光顯得如此珍貴，他和她就這樣，清新而典雅地戀愛著。

有時楊也弄不清楚，芳到底是天真還是聰慧：她跟著他吃擔仔麵、到路邊攤買耳環，和報紙上寫的女明星都不一樣；她在龍蛇雜處的演藝圈，卻剛正耿直、充滿正義感；她從不要他送東西，卻提醒他拿生活費孝敬父母；她身邊的誘惑肯定很多，卻老是開開心心地坐上他的摩托車……

就像今晚，楊騎著他的蘭美達，載著她，穿過電視台前等候接送的各式進口名車，忽然感覺自己就像羅馬假期裡的小記者，而她，是從天而降的公主──

他想帶公主去領略這個城市的美好，又或者，遠遠不止這個城市……

剛錄完影，後台正熱鬧，我聽到楊的聲音，文英阿姨正在捉弄他：

「我講一句國語，你講一句台語，」文英阿姨：「春風吹柳枝枝擺，」

楊：「村轟催六唧唧掰，」

文英阿姨：「大枝擺完小枝擺。」

楊：「打唧掰料，小唧掰。」

大家全笑翻了，整個後台鬧到快掀過去……

楊是個很溫暖、很開心的人，他興趣廣、什麼都懂些，和不同的人都容易聊上兩句；有時他來攝影棚等我，我錄完影，他已經和大夥說說笑笑，花蝴蝶似的──我老是這樣虧他。看到小孩，他也愛過去和小人兒聊個兩句天，有次我甚至看到，他和路邊小狗很認真地 Give me five……

「你無聊啊，」我忍不住笑著罵他。

楊第一次邀請我去他家，正式認識了他的父母：很詼諧、開朗的兩個長輩，感情很甜蜜。那真是一個好快樂、好溫暖的家庭！那天的時光裡，笑語是那麼輕鬆地在他的家人間此起彼落。我壓抑著心中的澎湃，從小父母之間總是劍拔弩張，這是我從來不曾領略的和樂與溫暖。

很快的，楊就有了拜訪我家的機會。有天回到家，母親劈頭就問：

「早上在路口接妳的是誰？」

我說是學校的學長。母親說，帶回家來看看吧。

楊很慎重地備了禮，一進門便恭敬地鞠了躬：「伯父、伯母好。」爸爸熱情地招呼他，兩個男人天南地北地聊，倒是融洽。我注意到母親幾乎沒有開口，她的冷峻絲毫沒有掩飾。

「這個人，以後不要來往了！」我前腳才剛把楊送出門，母親立刻做了宣判。

「一進門就鞠躬？虛偽！」

「他湖南人？湖南人就騾子脾氣，妳受不了的。」

「南方人性情奸詐，還是我們北方人忠厚。」

「做生意的人，天天在外頭花天酒地，妳要嫁給他，就等著獨守空閨……」

多年後回想，早在幾十年前，我的母親就有著獨步全台的省籍情結、反商情節、還戰南北哩。我聽著心裡不是滋味，倒沒有很認真放在心上。

隔天我才知道事情的嚴重性。錄完影回家，一打開門，劈頭的巴掌，紛亂地落在我的身上、頭上、肩膀上……

「為什麼早上還讓他來接妳？」母親怒不可遏，父親急忙拉開母親，母親看起來氣極了：

「不是跟妳說了嗎？不許再和他來往！」

與其說是難過，更多的是驚嚇：雖然母親從小對我們的管教就極嚴厲，犯了規矩一定逃不過體罰，我們也多能理解母親性子剛烈，總盡量順著她，不過長大以後被修理，這還是頭一遭。到底為什麼？那夜，我徹夜難眠。

隔天早上楊依約在巷口等我，果然當晚回家，母親拿起衣架又是一頓修理！我悶了一天的委屈和納悶，再也忍不住了：

「為什麼不多認識他呢？」我也生氣了：「他不見得是妳說的那樣啊！」

母親更氣了，舉起手來又要打，父親擋在中間急著勸：

「麗芳，妳知道妳媽脾氣，先別頂嘴！」

我又挨了好幾下衣架子，狼狽地逃回房間，母親的聲音從身後傳來：

「以後不許妳再和他來往！聽到了沒？」

到底為什麼？只知道情況比我想的還嚴重，恐怕不是輕易可以矇混過去。隔天出門時，身後是陽台上目送我的母親，街口是等待著的楊——他看見我了，朝我揮揮手，給我一個很溫暖、很溫暖的微笑，一切彷彿一如往常。我踩著慌亂的腳步，茫然地往前方走去……

楊想出一個方法：讓麗芳搭一段公車，避開伯母陽台上的盯梢。

他還是在街口等待，確認她上了公車，再騎到下一站與她會合。

晚上還是送她回家，畢竟錄影結束的時間不固定，應該不容易被盯上。

其實他早隱約感覺到什麼：拜訪她家後，芳對於她母親的回應，一直很保留地語焉不詳。他知道這是麗芳的體貼：她在保護他、同時也維護著自己的母親。雖然他很想瞭解原委，然而，先緩一緩麗芳和伯母之間的壓力吧，也許便能再爭取一段時間來努力。只是他，暫時不能進她家的門了。

換了接送地點後，似乎相安無事了一陣子，但沒多久，楊又會從一些蛛絲馬跡，知道她又為他受了些辛苦。芳總不多說什麼，若不就模模糊糊帶過，他相信，芳承受的肯定比他感覺到的多許多。有時他們覺得這感情的夾縫也未免太窄，已至於幾乎無法喘息，就會逃回彼此的工作裡——老天保佑，只要願意，他們都有著極度忙碌的工作。

有陣子楊的公司走得很辛苦，遇上第一次石油危機[1]，一度幾乎要停擺。幾個年輕人倒是樂觀，到處找掙錢的門路，有次還突發奇想，找個商展賣起了沙嗲。芳跟著他們一起，在攤子前幫忙招呼客人、收錢找零，一點也不介意自己是明星；她有觀眾緣，很多民眾認得她，他們的攤子前擠滿了人——應該說芳的前面擠滿了人——沙嗲一下就賣光了，幾個男生拚命烤還來不及賣……

有回在國安局安研班，芳有個晚會主持活動，楊陪著去，在後台把握時間讀資料時，一位長官注意到他：

「年輕人，」長官好奇地說：「你在看什麼呀？」

楊不認識他，禮貌地站了起來，介紹自己是做貿易的，這是最近公司想要引進的產品，主要是處理非制式爆裂物的相關設備。

「喔？這個我們正需要耶，」長官邀請楊到他的辦公室，兩人相談甚歡。

這位長官是安研班班主任張延年將軍，楊的公司進口的產品，許多都與張將軍的規劃切合。幾次訪談下來，意外得到了國安局的訂單，以及與張將軍之間珍貴的忘年情誼。他的公司自此多了穩定的政府業務，也更確立了產品組合的路線。

他一直覺得麗芳是他的幸運星。那幾年，公司在幾個年輕人無可救藥的樂觀與堅持下，一點一點地撐過營運危機，逐漸步上軌道。

「媽，今天有個特別節目，我會錄比較晚，」我一邊用肥幫子夾著公用電話的話筒，一邊摸著口袋，還好，還有兩個硬幣。

跟家裡「報備」後，我馬上撥給楊：「喂，等下去哪裡吃飯？」

華視指揮詹森雄老師剛好經過，馬上用他的台灣國語揶揄我：

「又給妳媽媽騙啊！」

母親盯得緊，我們自然得想點辦法，在她的眼皮底下「生出一些夾縫」來約會。有時楊工作結束已經很晚了，如果我還在錄影，他就會過來陪我，幾分鐘說說話也開心。有陣子我接下《南來北往》的主持，節目外景要教觀眾開車，我快手快腳考上了駕照，沒多久他也默默地把駕照考起來，就怕輸給我。我們就這樣互相鼓勵著、陪伴著，拉著彼此的手一起前進。

母親倒是開始積極幫我物色對象：公務員、飛行官、醫師、老鄉的兒子……認真說，其中不乏出色的男士——我也並不完全排斥認識其他男人，只是心中難免為楊抱不平。自然還是得聽話的——每次我都乖乖赴約，回來再和楊做心得報告。他靜靜地聽，我猜他心裡不是滋味。

今天這位男士，囉囉嗦嗦講個沒完，一串字從他口中傾洩而下，好像一大把抓不住的米，一下就嘩嘩嘩灑了滿桌：

「我是想啦以後我結婚，我的薪水都要拿給我媽媽，畢竟我是公務員收入算很不錯。」

我安靜地切著牛排。

「生小孩的話，趕快生一個是比較好，」他喝了一口柳橙汁，終於問我話了：

「妳覺得呢？」

我用餐巾紙擦擦嘴：「我覺得我們不適合，」

又補上一句：「你以後不要再來找我了。」

我看一下手錶，快遲到了，和家蓓約了到醫院看母親。母親這兩天進行「例行性抒壓之旅」：住醫院檢查身體。母親不在家，家裡氣氛輕鬆得讓人簡直想吹口哨！老爸和小哥成天吃點心說說笑笑，我和家蓓待會兒還要去逛街呢。和母親閒話家常了一會兒，家蓓聊起一些楊的事，「侯媽，楊威孫真的還不錯。」母親意味深長地看了我一眼。

看完電影，又逛了街，開開心心回到家，等門的父親，卻一副大難臨頭的樣子：

「趕快去醫院一趟，妳媽氣炸啦，」父親說：

「她打電話回來，要妳無論多晚回來，一定要到醫院一趟。」

「怎麼啦？」我也緊張了起來。

「今天家蓓是不是跟妳媽講了什麼？」

「沒說什麼啊，就是幫楊威孫講了幾句，」我看看錶：「而且現在已經晚上九點多了！」

「沒辦法，你又不是不知道你媽脾氣，」父親說：

「妳媽說你今晚不去，她就趕回來。」

轉了一個多小時的公車，到了醫院，母親果然還沒睡。礙著醫護人員就在幾公尺外，母親不能大聲打罵我，於是她用指節使勁掐我的腿，一下，兩下，三下……我痛得眼淚差點掉下來，低頭看，三個帶著血點的紫紅印子清晰浮在大腿上……

楊盯著碼表，一分三十五秒！他熟練地把蛋從鍋子裡夾起來，放到冰水中冰鎮……

有次他發現芳愛吃溏心蛋，就學著做。溏心蛋最難在於時間控制，蛋白要熱到凝固，蛋黃則要剛剛好呈現膏狀，太生太熟都不對。他每天做給她，看她的反應：她說蛋黃太硬，就減五秒，還太硬，再減五秒……就這樣終於試出了現在這個「麗芳認證的黃金膏狀比例」。無論多忙，他每天做給她吃，樂此不疲。

今天把溏心蛋拿給她時，他發現了她腿上的血印子，飽和的紫紅色，總共三枚。問她，她含糊說是撞到的。

他想，撞到不是這樣子的。

她坐上了車，三個血印子刺目地排成一列。他不捨地摸摸那幾個印子：

「妳媽掐的？」

找出突圍的方法以前，他能做的，就是將自己隱身在侯伯母的視線以外。

有回送芳回家，本來正說笑著，他突然一個大拐彎加甩尾，芳嚇得半死，氣急敗壞地問：

「你幹嘛呀你？」

「巷子口看到你媽！」他一派輕鬆。

於是他弄熟了她家附近的巷弄小徑，隨時有好幾條備用逃生路線；夾縫中的逃生成了有趣的歷險，他載著她甩尾、壓路、摧油門加速駛離地雷區，每次都把芳逗得直笑。

此外，為了方便無障礙地講情話，他還發明了一組「楊式代碼」：

那時還沒有手機，聊天必須要用室內電話。有時他和芳講到一半，芳的回答突然簡短含糊，他就猜到侯伯母應該是出現了：

「妳想我嗎？」

「……」

「如果妳想我，就講『冰箱』。」

「……冰箱。」

「那，妳有愛我嗎？」

「……」

「假如妳愛我，就講『電風扇』。」

「電風扇！」芳說完便笑了，這肯定是全世界最快樂的一台電風扇！

此時他總會想到第一次在隧道看到芳，那種強烈而確定的直覺，芳的笑聲也給他同樣的直覺——

他知道這個笑聲會陪著他，一直到很久很久、屬於他們的以後。

1第一次石油危機從一九七三年延續至一九七四年，起因是一九七三年十月第四次中東戰爭爆發，石油輸出國組織（OPEC）為了打擊對手，宣布石油禁運，造成油價上漲。當時原油價格從一九七三年的每桶不到三美元漲到接近十二美元，引起了全球經濟的大衰退，以及金融市場的急遽崩盤。

夾縫

將仲子兮，無逾我里，無折我樹杞。
豈敢愛之？畏我父母。仲可懷也，父母之言亦可畏也。
——《詩經．鄭風．將仲子》

前晚楊送我回家，又讓母親撞見，自然又挨了一頓修理。揍人的和被揍的心情都不好，以致於才大清早，家裡便火藥味十足，才講兩句母女又爭執了起來：

「妳什麼意思？」母親的聲音急遽地拉高。

我忙著化妝，不打算理會母親。今天要帶妝到電視台，進攝影棚直接開錄，已經快來不及了。

「妳就是不聽我的，就是要跟我作對，是嗎？」

「媽，妳也看得太嚴重吧，」我忍不住停下手上的眼影刷：

「不過就是交往嘛，我又不一定會嫁給他！」

「我告訴妳，妳真要嫁給他，我，我馬上就抬口棺材進家門！」母親越說越激動，冷不防地拳頭不斷落下——又來了！我一下躲不開，只能消極抵抗，在廚房準備午餐的父親聽到聲音，馬上關了瓦斯跑出來：

「不要打了，」父親試圖想拉開我們，向來好脾氣的他，今天也激動了：

「她等一下還要上節目，妳這樣打她，萬一打傷了，等一下怎麼錄影？」父親抓住母親：「不要再打了！」

混亂當中父親替我又挨了幾下，母親的情緒才終於慢慢緩和下來。我提了化妝箱狼狽地跑出家門，眼睛乾乾的，連哭的力氣都沒有。

當晚回到家，沒有看到父親。母親告訴我，父親胃出血，送到醫院了。我深吸了一口氣，感覺胸口一陣翻攪。父親有長年的胃疾，醫師交代過要避免情緒過度激動。母親和我自然都知道，今天的胃出血是為了什麼。

隔天，母親抱著煨了一夜的粥，和我一起去醫院，母女一路無話。到了醫院，母親默默張羅父親的一切：倒開水、順被子、擦身體……。我望著母親，思緒卻飄了好遠：母親一生好強，性子剛烈，這幾年情況加劇：一旦情緒轉不過來，很容易瞬間失控。有回說服母親去看身心科，醫師診斷為一種精神官能症：患者一切正常，唯在情緒失去控制當下，會無法駕馭自己的情緒與行為。

我想：母親也不願意這樣的吧？平靜下來的時候，她肯定也是懊惱的吧？只是，我們都受傷了。我忽然覺得好累。

心力交瘁時，我不止一次想過放棄楊，放棄我們堅持的一切。因此，當排秀經紀人告訴我，有個男孩子想認識我時，我疲累地一口答應。

他氣質清新，態度誠懇真摯，是個讓人印象深刻的男人。我們聊得愉快，後來他提及在父親的企業工作，往下一聊，非同小可，那是全台知名的大企業……

多少女孩拚命爭取嫁入豪門的門票，此刻機會就在眼前，我卻突然無比清醒。

「你真的很好，可是我們恐怕不適合，」我溫柔而堅定地說。

我沒有告訴他，豪門深似海，我怕嫁入豪門將失去自己，我擔心成為某豪門的媳婦，再沒有權利照顧父母，更不願失去人生的自主權……

父親住院時，楊每天都來陪陪父親，當然還是避開母親的：母親前腳剛離開，他後腳就踏進父親的病房。我們的愛情夾縫越來越窄，無論是時間或是空間，他卻那麼執拗地堅持著。我心頭沉甸甸地壓著什麼，幾乎無法呼吸。

不忍心再耽誤楊，我決定和他攤牌：

「你去找別人啦，不要再來找我了。」

「沒關係，這麼久我都等了。」

「我媽這麼激烈反對，我也不知道哪一天才能結婚，」我說：「而且你爸爸年紀也不小了，他還等著抱孫子耶。」

「我就等嘛，」他看起來很鎮定：

「真的等不了的時候，我自己再想辦法就是了。」

楊真的想了一個很天真的辦法：他跑去銀樓，打了一個戒指。

「我們私奔吧，逃到台中去結婚。」

就這麼迎來了人生第一次的求婚，我卻是百味雜陳，哭笑不得。我不可能抛下台北，這裡有我熱愛的工作，有我的父母，某方面來說我十分傳統且老派（雖然我一直是迷你裙的熱烈擁護者），我告訴楊：沒有得到父母的祝福，我不會結婚的。

那晚回到家，洗完澡，我把全身的重量放肆地交給床鋪，腦袋空空地看著天花板。這就是求婚啊？這個楊，夠笨的了——我笑著嘆了一口氣，轉頭看看桌上的戒指：環身有著雅致的雕紋，戒托抓著一顆桃紅色的星石，光澤柔美而溫暖。我將戒指戴上我的手指頭，大小剛剛好。

腦海中浮出楊很鎮定的模樣：「沒關係，這麼久我都等了。」

這個楊，他看起來有多鎮定，骨子裡就有多固執。

如果他真能等下去，我想：這個人，我應該會嫁給他吧……

ɣ

大哥幫母親在新竹找了醫師，安排了一個痔瘡處理的小手術。母親最大的心靈寄託就是和醫師聊天，自然爽快地答應了。

和楊說起此事，他突然提議：

「那天伯母不在，我去妳家吃侯伯伯的韭菜盒子，怎麼樣？」

這小子果然機靈，還知道我父親烙韭菜盒子一流！我偷偷問了父親，父親開心地一口答應。於是父女倆賊兮兮地瞞著同一屋簷下的母親，偷偷準備了起來。

母親離開台北後，楊終於又踏進我家門——睽違多年，真是令人感動的歷史時刻！父親開心地弄著麵糰、烙著餅，我和楊在廚房幫忙做菜，忙進忙出。母親去了新竹，我們三人壓力頓時釋放，弄了一桌子菜，愉快地吃著菜盒子、聊天、講笑話。那天父親開心極了，大概說了平常三倍的話吧，我們正享受著這難得的快樂時光，電鈴響了……

「誰啊？」我一邊笑著、一邊轉頭對著門外喊了一聲。

「我，」是母親的聲音，就在距離我們不到兩公尺的門外！屋內三人瞬間一片安靜。門鈴又急促地響了兩三聲：「快開門！」

父親很快恢復鎮定，他壓低聲音分配著任務：

「麗芳，碗盤我來收，你趕快帶楊去妳房間，」

我頂著快充血的腦袋瓜，迅速交代楊：「你先躲在掛禮服的衣櫃裡，等下我會把我媽拐進她房間，如果聽到「碰」一聲，我媽房門很大聲關上的聲音，你就穿上鞋子、趕快走！」

父親正七手八腳把碗碟搬進廚房，門鈴又響了幾聲：「趕快開門！」

「來了、來了！」我一邊應付，一邊確認楊有沒有躲好，楊突然探出頭來，機警地比著門口：「靴子、靴子！」

一看大驚——他一雙卡其色的大馬靴，正大剌剌地放在門口！我趕忙把靴子拎到房間，楊和靴子瞬間靈巧地消失在門後。

門打開時，父親正悠閒地在飯桌上看報。

「媽，妳怎麼提早回來啦？痔瘡開得怎麼樣？」我牽著母親：「來來來，到房間來，我來幫妳看看。」

母親一進臥房，我「碰！」地一聲用力甩上房門。三秒後，家門前的風鈴傳來一串激烈的聲響：「唰啦啦啦啦啦——」

楊順利溜走了。

「那風鈴，怎麼那麼響啊？」母親趴在床上納悶地問我。

「媽，」我一邊拿著棉花棒一邊說：「今天風很大，妳不知道啊？」

深夜的攝影棚，燈火通明。這兩天錄特別節目，大夥全沒人性地拋家棄子泡在電視台。楊來攝影棚時，我正累得打盹，搞不清楚是白天還是晚上。才聊了幾句，又輪到我上場；錄完時四處找不到他，才發現工作人員為我準備的床墊上，換他累得睡著了。

以後會如何呢？我忍不住想。母親和楊，就這樣心照不宣地王不見王。日子在平靜與衝突的往復循環中，悠悠滑行而過。可是未來呢，未來怎麼辦？

有回母親又撞見楊送我回家，一進家門我就感到氣氛不對，還來不及反應，盛怒的母親抓著我的頭髮就往牆上掄：

「妳就是不聽我的！妳就是要跟我作對！」

父親費了好一番力氣，才把母親拉開，母親氣呼呼地衝到廚房，做勢拿了菜刀想嚇唬我：「要不然，我們兩個同歸於盡好了！」

父親趕忙抓住母親，對我說：「快走！趕快出去！妳快走！」

我踉蹌地跑出家門，什麼東西都沒帶，不知能去哪裡。頭還在撞擊的暈眩中，我硬著頭皮敲著對門的公寓，開門的是一張素昧平生的面容。

「阿姨，對不起，你們家可以借我躲一下嗎？」我揉著頭，驚魂甫定地說：「我媽打我，我爸叫我先出來……真的很不好意思……」

鄰居阿姨趕快讓我進了門，一屋子老小驚訝地打量著我，我侷促地坐著，百感交集，知道他們都認出我了。躲了一個多小時後，我悄悄溜回家，門沒鎖；推門進去，燈已經熄了。看來風暴已經平息。

又是個徹夜難眠的夜晚……

楊和我在颱風天初相遇時，壓根兒沒想到，我們的小戀愛竟會演變成警匪諜報片：總是在巷子裡捉迷藏、永遠的前腳進後腳出、推陳出新的電話代碼、周而復始的爭執與衝突……難道，真的要一直這樣下去？

母親不惜以性命相逼，楊卻天真地說要結婚；如果母親的底限是維持現狀：我不要結婚、楊永遠不能出現，那該怎麼辦？

原希望拉長戰線，多一點時間來努力，希望能有轉圜的空間，但這麼多年了，楊執拗地守候著，母親卻未見有絲毫軟化。

我感到身心俱疲。該是做個決定的時候了。

隔天早晨，我如常走到街口的公車站，楊遠遠地看到我了，微笑用眼神和我示意。我上了公車，看到他的蘭美達跟了上來。

到了下一站，我應該下車與他會合的地方——這次，我沒有拉鈴。

公車繼續往前開……

他看起來有點驚訝，不明白發生了什麼，趕快催了油門跟上來，眼睛卻勾勾地望著公車內的我，想向我要答案。我狠下心，不去看車窗外的他，幾站以後，他的蘭美達漸漸跟不上，消失在台北市壅塞的車陣中。

隔天，他又跟著，我還是沒下車。

再隔天，他還跟著……

第四天，他竟然還在……我偷偷從車窗看著楊，平常開心的他，這時看起來好嚴肅，一雙眼睛巴巴地望著我，就希望我能回頭看他一眼。一股無名的情緒在我胸口糾結：下了車，我們又該怎麼辦呢？我咬咬牙，將臉別過去。

第五天，他的臉上添了幾分憔悴，還有那份熟悉的固執，我想到他拿戒指給我那天，就是這麼固執地說：「沒關係，這麼久我都等了。」那天我還對自己說：如果他一直等，我應該會嫁給他……他並沒有錯啊，我的眼睛漸漸湧上一層薄霧……

楊發現我望向他，他的眼睛瞬間亮了起來。我終於伸手拉了公車鈴。

「侯小姐，布景好了，準備錄影囉。」

這段我要獨唱一首歌，一首憂傷的情歌：戀人因為現實環境被拆散，每一句都彷彿穿著尖銳的高跟鞋踩過我的心。我唱得很投入，想著楊，想著我們，想著不知何去何從的未來……忽然工作人員一陣騷動，大夥面面相覷地盯著我，終於有人跑過來，遞給我一張面紙。

「哎呀，不好意思，這兩天有點感冒，」

我擤擤鼻涕、擦擦眼睛：「我們再錄一次，好嗎？」

Yes, I do !

俟我於著乎而，充耳以素乎而，尚之以瓊華乎而。
俟我於庭乎而，充耳以青乎而，尚之以瓊瑩乎而。
俟我於堂乎而，充耳以黃乎而，尚之以瓊英乎而。

——《詩經．齊風．著》

斷斷續續下了半個月的雨，彷彿用水織了一張輕軟的簾子，鋪天蓋地柔柔地飄下來。每一陣雨來，就偷走一點溫度，一沒注意，秋天便輕巧踩著落葉，悄悄地來了。

過幾天要赴美宣慰僑胞，十月的美國到底冷還熱呀？表演的禮服，帶長袖還是短袖好？正和滿房間的亮片禮服、高跟鞋奮戰，父親在餐廳喊吃飯，我立刻丟下高跟鞋，三、兩步奔到餐桌前，哇，今天有香酥鴨！

「妳肩膀上有顆痣耶，」母親盯著我的肩膀：「肩膀有痣的人，一輩子負擔重。」

「金錢上的負擔我不怕，」我說：「我怕精神上的。」

聽出我意有所指，母親一聲不吭地挾菜，我看著心軟，連忙問她看診的情形。每回說到看醫生，母親精神就來了：

「膝蓋不太靈活，醫生說年紀大退化了，以後如果影響走路就麻煩了。」

「媽，妳其實不用擔心啦，」我說：

「將來如果我結婚，無論我到哪裡，就在旁邊買一棟房子給妳。妳就永遠跟著我，我照顧妳一輩子。」

母親突然安靜下來，低頭靜靜地吃飯，一會兒，她用不太確定的口氣問我：

「妳說我永遠跟著妳，是說真的？」

「真的啊。」

出國前幾天，工作依舊滿檔。赴美當天，我和楊約好了時間，由他送我去機場，算算時間，楊應該已經到街口了。提著行李準備出門時，母親突然叫住我：

「好吧，」母親停頓了好一會兒，口氣和緩了許多：「我看，妳也只有跟他了。」

「你們，就準備結婚好了。」

我懷疑自己到底聽到了什麼，愣愣地杵在原地，不太確定發生了什麼事。好比美蘇冷戰了數十年，當全世界咸認為此對峙將永無休止之時，一夕之間，蘇聯卻突然解體了。頓時，所有長期抗戰的準備即刻解除，對照過去多年那些辛苦的僵持，這一刻顯得如此不真實。

這意料之外的轉圜，讓我和楊既興奮、又帶著一絲不踏實的擔憂。為免夜長夢多，楊在我赴美表演時，請母親的老鄉高伯伯陪同，到家裡正式拜訪。那天的會面，拘謹中帶著些微緊繃，談到未來時，楊單膝跪地，誠懇地向母親承諾：

「如果給我機會，讓我照顧麗芳，我一定會好好照顧她一輩子，侯媽媽您請放心，我會和麗芳一起，永遠照顧侯伯伯、侯媽媽……」

母親對嫁女兒，多少帶著不捨，對自己的軟化也顯得彆扭，不自在地補上幾句：

「你們就直接結婚，不要訂婚了，省得我看了討厭。」

婚期很快地敲定在四個月後。不能怪楊心急，他實在太擔心有變卦，而為了這一天，他已經在我家門外，隱身徘徊了七年。

媒體開始報導著我的婚訊，各界的祝福潮湧而來。台北有五家照相館贊助我們的婚紗與攝影，車行經過襄陽路，沿路都是我們的巨幅婚紗照……我新奇而快樂地感受著新嫁娘的喜悅，七年的煎熬與等待，竟真的讓我們等到了這一天。

我們的婚禮，得到許多長輩、朋友的祝福與協助：廖美雲女士花了三個月的夜晚，無酬為我刺繡一件湘繡旗袍；婚禮上，台視攝影團隊全程協助拍攝，當天的伴娘為演藝圈的摯友、華視的漣漪，婚禮主持人則是中視的包國良先生，因此他戲稱：「今天的婚禮，是三台聯播！」一位疼愛我的長輩，堅持當天為我製作一束新娘捧花，完成後一路飛車送抵飯店（雖則為了等這束捧花，婚禮因此延後了一小時）。這些情誼，我們都深深銘記與感謝。

ꕤ

滿檔的工作中，我們擠出三天到墾丁蜜月。時間很趕，怕來不及玩，一大早我們就起床吃早餐了。

「妳……」飯店餐廳的女侍者訝異地指著我：「妳是侯麗芳？」

我的吐司在左邊腮幫子鼓成一小團，只能瞇著眼微笑。

「阿妳現在不是在收音機裡面？」她指著櫃台，收音機正在播放中廣的《歌星之歌》，而我正甜美地和聽眾說早安……

三兩口吞下吐司，我終於開口了：「所以我不是侯麗芳啦。」

冬天的墾丁溫暖宜人，每天的陽光都是亮晶晶的，偷閒放鬆了三天，匆匆趕回台北，攝影棚已經敲鑼打鼓要逮人了。

「侯姐，就差妳的部分喔！」助理神經緊張地把腳本拿給我，又是熱騰騰的。我請楊在攝影棚稍待，很快加入工作團隊。中場休息時，在角落找到我的新手老公，他在我專用的熬夜小床墊上睡著了……

「下一段腳本好了！」小助理又喊：「侯姐？」

看來今天又得挑燈夜戰了。

ꕤ

新手人妻，要融入一個全新的家庭，甚至要適應房間裡多了位男室友，我的心情既期待又忐忑；我和楊雖然交往七年，實際上卻沒有一起生活過。新婚時住公婆家，每到子夜時分，外雙溪濕重的寒氣溜進屋內，我就開始煞不了車地狂打噴嚏。第一個噴嚏連發的深夜，楊被我弄醒過來，摸黑捻了電燈，惺忪的睡眼困惑地望著我：

「哎呀，妳打噴嚏是這樣的啊？」

「喔，鼻子過敏啦。」

打噴嚏的我、打呼的他、上髮捲的我、刮鬍子的他……直到婚後，我們才開始認識對方另一面的模樣。初步看來，我的新室友性情溫柔可人，生活習慣良好，無不良嗜好；而且據他告訴我，他對我的滿意度也頗高。

我有一對開朗、恩愛的公婆。公公個性幽默、文筆風趣，有段時間他甚至和我合作，跨刀撰寫我的節目《銀河星光》中的短劇劇本，我和孫越叔叔合演；婆婆則是個才華洋溢的女子，琴棋書畫皆擅長。公婆對我的工作都十分支持，我平常工作忙，沒時間分擔家務，但只要有機會，我就會窩進廚房，和婆婆一起做菜。有回婆婆上市場買菜，攤販忍不住開她玩笑：「哎唷，楊媽媽，娶了明星媳婦，現在都加菜啦？」

婆婆倒是趁機誇了我：「我雖然娶了一個明星媳婦，但是麗芳懂事、手藝又好，沒有明星氣息。我家裡頭，可沒有明星。」

相對於公婆的隨和開明，我一直認為，婚後的楊要直接面對我的母親，是相當需要智慧的一項挑戰。

我們的婚禮趕在農曆年前辦完，那是頭一回，除夕夜我沒有陪在父母身邊。對母親而言，年夜飯上突然少了一個人，嫁女兒的不捨與空虛，突然變得十分巨大。初二公婆陪著我們一起回娘家，上樓梯時，母親冷不防地捏了我的大腿，我痛得倒抽一口涼氣，卻忍著不敢出聲。我明白，母親心中依然難以釋懷。

而我和楊終於漸漸瞭解：橫亙這七年之間的，從來不是楊的省籍或職業或其他，而是母親害怕失去我的恐懼、與對我的強烈依賴——也許她自己並未意識到這點。我們都明白：唯有更多的時間與愛，才能修復母親心中，被強烈的不安全感所啃嚙的傷痕。

半年後，我與楊合買的公寓落成，搬到了新家。如同對母親的承諾，我們一併買下對門的公寓，將父母親接過來，就近照顧。只要工作提早結束，我就會到對門，為他們下廚做幾道菜；而家中有任何問題、無論大事小事，父親都喜歡找楊幫忙，他們的相處很溫暖，也挺有話聊，父親還給楊取了一個「萬能博士」的封號。

我們的小日子，就這麼平靜恬淡地開始了。

麗影芳華

瀟灑漂／陳君天

他叼著菸，低頭專注寫腳本，彷彿是鬧區打坐的苦行僧，
周遭的烘鬧只是流動的聲光色影，
與他無涉——直到我拎著禮服裙襬、急忽忽經過他身旁，
他終於抬了眼皮，從菸嘴的縫細邊兒，模糊擠出一句：
「那誰啊，好大一塊板子走過去……哪個女生屁股那麼寬？」
嗯，據說這是陳君天對我的第一印象。

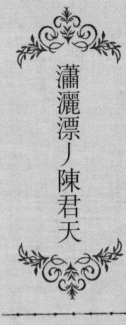

我和製作人陳君天先後合作了許多大型典禮、晚會、及電視節目。《認識自己》兼具知識性和教育性，是我很喜歡的節目類型；《人之初》在晚上九點的熱門時段，正經八百地公開談「性」，在當時台灣的保守民風中突圍而出，也是我主持生涯的經典代表。《週五大家見》算起來是台灣「始祖鳥等級」的行腳節目，介紹各地風土民情，一票人常常剛拉完外景又趕回來錄棚內，整個團隊上山下海，累得精疲力竭、感情卻好得像一大家子。

以電視公司的角度來說，陳君天是個「超級」製作人——現在的話叫「C／P值爆表」。

他創意無窮，點子源源不絕；只要他出手，就是票房與口碑的保證；偏偏他還什麼都懂，什麼都會，八爪章魚一把抓。當他出現在攝影棚，如軍師般指揮著布景師、攝影師、燈光師、場務小妹，所有人忙得四處亂竄，直到「五、四、三、二——」各路人馬各就各位，攝影機忙碌轉動中，一集集精彩的節目，就這麼源源而生了。

他像是電視圈的諸葛孔明，攝影棚是他的戰場，小兵們可能還來不及搞清楚為什麼要紮草人、擂鼓、出船……諸葛孔明已經拍著扇子、幫他們帶了十萬支箭回來。太過癮了，我們多麼甘心當他麾下的超級軍團！

陳君天做節目，總有些他想傳達的底蘊，比如文化、情感、知識等等，別人看他是王牌製作人，骨子裡其實他更像個藝術家。

藝術家首先好像都不太在乎錢：預算花光了，他就把自己薪水拿出來貼，沒看他眉頭皺一下；做了那麼多受歡迎的經典節目，也沒看他發大財，錢全拿去養節目了。

另外他不吃女明星豆腐，攝影棚裡能讓他眼睛瞬間發光的，就是「做節目」這事了，絕不是環肥燕瘦的各色美女明星，因此我也安心地當著「寬屁股的女人」。合作了幾集，我們的默契很快培養起來，我特別愛他寫的腳本，他會針對我的個性下筆，內容、用詞都與我貼切合拍，唸他的腳本簡直是輕鬆寫意。他對我也特別放心，後來默契好了，只要我的片段錄好，他都不再看過，直接送剪接室後製。

藝術家有另一個奇特的共通點：他們通常下午才開始出沒。和陳君天合作後，我公務員般的演藝生涯，就像變了心的女朋友，再也回不來了。

我們通常在下午陸續進棚。陳大哥每寫完一份腳本，助理小妹立馬捧著跑去複印，交給我時都還熱燙燙的。我連忙順腳本、記稿子、準備錄影，陳大哥則忙著指揮布景、道具、燈光組，交代完又鑽進小房間裡，繼續奮鬥下一份腳本。

攝影棚旁，他有間自己的工作室，往裡頭瞧，只見成堆成堆的大量書籍，書堆裡如果有煙緩緩飄出，那代表裡頭還有個人。製作《認識自己》、《人之初》時，那堆書換成了醫學書籍，陳大哥在書堆中叼著菸，埋首寫腳本，一頭雪白時而浮起來，時而沉下去；我們在門外巴巴地等，最期待那一頭雪白終於從書堆中站起來——新腳本出來了！這時打盹的、睡覺的，都得趕快搖醒，大隊人馬又是一輪混戰：場務小妹跑去複印，我揉揉惺忪的睡眼、不知今夕是何夕、半醒猶夢地讀著稿子，化妝師七手八腳地幫忙補妝、身後傳來導播的催促：「快快快，準備錄影啦……」

幾番車輪戰下來，大夥無不累得人仰馬翻，只有陳大哥還老神在在窩在小房間剪片子。攝影棚是個與世隔絕的小小星球，忙碌而瘋狂地旋轉，這裡沒有風雨日夜，台北城的晚霞和日出都與我們無關。

我們通常第一天下午進棚，第三天中午錄完、接著快手快腳剪接後製，剛剛好趕上當天傍晚節目播出。過程中誰都不能有閃失，不然電視機可不等人！於是每回錄陳君天的節目，就是大隊人馬一起經歷著「在倒數計時中與時間追逐、在千鈞一髮之際驚險達陣」的冒險旅程，保證神經緊繃、精彩刺激，長久下來，磨出了團隊每個人最強大的潛能，也磨出了我和陳君天的絕佳默契。

這就是陳君天，才華洋溢，瀟灑不羈，他的節目叫好又賣座，能主持他的節目，真是作夢都該偷偷笑出兩聲——所以「每次錄影非得弄到火燒屁股人仰馬翻」這事，也合該是我們對一位藝術家，出於滔滔仰慕而不足掛齒的小小包容了。

直到現在，我們這群製作團隊，仍維持每年聚會、為陳大哥慶生的約定。現在的陳大哥，頭髮更雪白了，瀟灑依舊，腦中的點子仍轉個不停。我想他正醞釀著睽違已久的作品，而我們這群忠實的迷哥迷妹，正拉長脖子等待——如同當年，等待他從香菸裊裊的小房間起身，告訴我們那一聲：

「好了，開工吧！」

非典型侯式歌廳秀

歌廳秀檔期有時會和節目錄影擠在一塊兒。
如果擠到的是陳君天的錄影，
那每回都要來一趟的「火燒屁股實境秀」，就會很恐怖了……

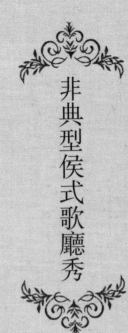

一九七〇、八〇年代，秀場文化從南到北席捲台灣，餐廳秀、工地秀、甚至牛肉場遍地開花，買張票就可以聽一場鹹濕麻辣的脫口秀、看看歌舞表演，是很受市井小民歡迎的普羅娛樂。

我一直覺得自己不適合秀場，一來我主持社教節目，形象端莊嚴謹；二來我壓根兒不會說台語。然而因為我的節目多，擁有全國的知名度，所以總還是有中南部的排秀經紀人，三不五時打電話來邀秀：

「矮黝來做啦，侯姐，現在都已經瘸哄瘸（北風北）了，還不趕快來做？」

進了台視後，我的曝光和知名度大增，連帶作秀的價碼也跟著三級跳。以前在華視，我作秀的價碼一場三千，後來到了台視，水漲船高飆到一萬，一檔秀做兩週就是十四萬，算是很好賺的「快錢」。那時一間台北的公寓也不過六十萬。

後來買了房子，背著房貸實在太想賺錢，所以偶爾我也會玩票性地，接幾場「很不像歌廳秀的歌廳秀」。

怎說不像呢？我聽不懂台語、不和男主持人打情罵俏、也不來摸摸小手吃吃豆腐那套；我不會扭腰擺臀，暴露服裝絕不上身（事實上我穿著主持大型典禮的長禮服上秀，天啊！）——有時難免納悶：這些中南部的大歌廳，哪來的勇氣向我邀秀，何況還是主秀？

作秀的後台，總是一片喧嘩嘻鬧，男明星們在那兒打麻將、玩梭哈，看到漂亮女藝人就開兩句黃腔，互丟幾句俏皮話。我怕這些男生怕得要死，尤其我聽不太懂台語，每一陣爆開的笑鬧聲都讓我不安。於是我安靜地拎著化妝箱，穿過那片轟鬧，找個位置坐下，很嚴肅很專心地開始化妝，通常這時候，男生們就會稍微安靜下來……

我彷彿是隻驕傲的孔雀，突兀地降落在充滿野性的非洲大莽原，原本在戲水的大象、捕小鳥的花豹、和鱷魚打架的河馬，通通停下手來，遠遠地打量我這個突兀的嬌客。

莽原的雄性動物們，決定派一隻國語說最好的，來和孔雀溝通。

「欸，侯麗芳，」倪敏然一屁股坐下來：「妳的秀很難做耶！」

「妳太規矩了，跟妳講黃色笑話嘛，好像對妳不尊重，可是正正經經訪問妳的話，觀眾不會笑，觀眾不笑老闆就會罵我咧。」

「那怎麼辦？」我故做鎮定、拚命補妝。

倪敏然敲敲腦袋：「不然我們來講對聯好了。」

我們想了一組古怪的對聯，橋段是他出上聯，要我對下聯：

倪：「侯麗芳，妳不會說台語，那我們來對對聯好了。」

侯：「好啊。」

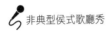

倪：「上聯來囉，『上天言好事』，意思是人上了天堂，就要說好話。」

侯：「『上天』？那我來個『下地』，」

倪：「『下地』，好！」

侯：「『言』……就是『鹽巴』，那我來個『醋』！」

倪：「醋？」（有觀眾笑了，賓果！）

侯：「『好』，那我就來個『歹』，」

倪：「『好』對『歹』！」

侯：「『事』……就是象棋嘛，兵炮傌俥相『仕』帥，那我來個『炮』！」

倪：「蛤？」

侯：「我對好了！」

倪：「妳意思是……上天言好事？」

侯：「下地醋歹炮！」（觀眾大笑！）

後來我慢慢瞭解觀眾的樂趣所在：

反正侯麗芳，就是個電視上端莊的主持人，所以只要我越正經、越是字正腔圓、看起來越無辜、最後接的話越是牛頭不對馬嘴，觀眾就越樂！

於是在秀場裡，我自成一格風景：我不和其他藝人去吃宵夜，在飯店裡我總是早睡早起，從不通宵玩樂睡到中午。我的房間永遠整齊乾淨，清潔人員總是驚呼「侯小姐妳房間太整齊了吧」「跟其他藝人都不一樣耶」。跟著我南征北討跑秀的，除了禮服化妝品以外，還有一組硯台、筆墨、柳公權字帖，等秀的空檔我就在飯店寫書法，以致於嚇壞了飯店負責打掃的阿姨：

「侯小姐，妳……妳……妳來捧秀還寫酥划喔？」

嗯，我是隻驕傲的孔雀。而且還是一隻走文青路線的孔雀。

ଊ

歌廳秀檔期有時會和節目錄影擠在一塊兒。如果擠到的是陳君天的錄影，那每回都要來一趟的「火燒屁股實境秀」，就會很恐怖了……

有次接了場秀在高雄，喜相逢歌廳的開幕場，我扛主秀，晚上八點要登台。這實在不太妙，當天白天排的是陳君天的錄影。

我的計畫是：錄影準時結束、趕搭六點多往高雄的飛機，下飛機直奔秀場——這一路追趕跑跳碰，必須接得剛剛好。我想了一輪，瞄準其中最不牢靠的變數……嗯，藝術家通常沒有什麼時間觀念，我決定跟陳君天好好溝通一下。

「陳大哥，你真的不能耽誤我的時間喔，」我很不放心地千萬拜託：「高雄那場我是主秀，要扛票房的，飛機趕不上的話，秀找誰代呀？」

陳君天笑嘻嘻地說：「沒問題，沒問題！」

然而，如果錄影不弄成火燒屁股，就不是讓我們又愛又急的陳君天了。那天傍晚，隨著時間迫近，我頻頻望錶，心跳越來越快：

「陳大哥快點啦，現在都幾點了？」

「沒問題沒問題，最後一段，Ending 了、Ending 了！」

我急了：「飛機的 check-in 時間都要過了。」

「小翰，」陳君天招呼了助理過來：「趕快，你先幫侯姊到機場辦 check-in！」

小翰拿著我的證件機票，咚咚咚跑走了。

陳君天坐在鋼琴旁，唏唏嗦嗦還在寫最後一段腳本，我按捺著撲通通的心跳，緊跟在他身邊，他寫一句、我馬上背一句，他寫完最後一句，我馬上跳到鏡頭前開錄！才錄一半，陳大哥突然抓抓頭：「等一下，這邊要再加兩句話，」

我忍不住哀嚎：「陳大哥，飛機要飛走了啦……」

「沒問題沒問題，來得及，」他再度發揮諸葛孔明等級的調度：「那個○○，你先去叫計程車，那個╳╳，你現在去按電梯，按著、不要放喔！」

我的心臟大概快跳出喉嚨了吧，重順了一下稿子，七上八下地錄完，整個人立馬彈起來，拎著禮服直奔電梯，電梯門關上前隱約還聽到陳大哥說：「ＯＫ了……」出了電視台、跳上計程車直奔機場，我穿著露肩大禮服在機場狂奔，拎著巨大的裙襬趕在最後一秒登機，飛機馬上關艙、起飛！

飛機轟隆隆拔地而起時，我坐在坐位上，驚魂甫定，喘得像一只風箱，隱約聽到後面乘客低聲地說：

「欸，那是侯麗芳嗎？」

「太誇張了，居然穿大禮服來坐飛機耶……」

時至今日，台語國語不再壁壘分明，本省人外省人的界線也早已模糊，秀場大哥出國深造後躍上電視台，歌廳秀文化卻已隨著時代凋零。

我仍記得那晚的喜相逢歌廳，為我第一次啟用的天降鞦韆花台，以及那些對於「非典型侯式歌廳秀」，報以熱情掌聲的可愛觀眾們……

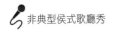

關於這美妙的乳房……

不得不承認，《人之初》的確是媒體寵兒：衛道人士對節目尺度的質疑從未止歇、支持與反對的聲浪，更持續在媒體上激烈交鋒，《人之初》就這樣，三天兩頭占據媒體版面，熱鬧極了……

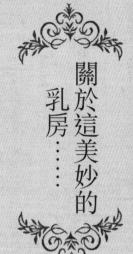

——一九八七年，台灣屏東〇〇國民小學

「六年級的女同學，請全部到大禮堂集合。」平常負責廣播的訓導主任不知哪去了，今天廣播的是綽號「恰查某」的訓育組長。她女兒在隔壁班，青出於藍勝於藍，比她恰一百倍。

導師一邊把女同學推出教室，一邊還要應付男同學的嚷嚷：

「為—什—麼—只—有—女—生—去——？」

「不准講話，男同學在教室自習！」

女同學們魚貫進入大禮堂，講台上站著幾位沒見過的阿姨，她們臉上堆滿了笑，講台前則堆滿了——衛生棉。

阿姨們開始播放影片，笑容始終是那樣曖曖昧昧的，每三句就有兩句語焉不詳、一句欲語還羞，小女生們努力聽，想搞清楚剛剛發的衛生棉跟影片有什麼關係，聽了半天還是沒有弄懂，大家有點坐不住了，開始用氣音講悄悄話：

「欸，我的腋下有毛耶，」高個子的雯小聲地說：「妳們有嗎？」

「天啊，毛！」其他的小女生驚呼起來：「可以借我看嗎？」

「好啊，」雯把袖子捲起來，女同學忍不住摸了那一根毛：「捲捲的耶！」

「嘖，噓！噓！」恰查某繞過來，喝斥了這群麻雀一樣嘰嘰呱呱的女孩：「不要講話！」

離場時，每個女孩都領了一個衛生棉，欲蓋彌彰地用一個小牛皮紙裝起來。大家還是沒聽懂阿姨在講什麼，只強烈感覺是難以啟齒的事情，於是將衛生棉捲窩在手心，想偷偷塞進書包，只是臭男生也太煩了，眼睛巴巴地盯著看，還拚命問個不停……

「吼唷！」女孩們想到剛剛講台上，阿姨們曖昧隱晦的笑容：「干你屁事啦！」

——一九八七年，台北

這陣子電視圈一陣騷動，自從公視計畫製播性教育節目，並公開徵求企劃案以來，各路英雄莫不奔相走告、躍躍欲試。如果拔得頭籌、取得製作權，這可是台灣第一個公開談性的節目哪！問題是，怎麼做？

在那個「爸爸摸媽媽小手，會被媽媽罵死相」、「健康教育裡有兩章，老師總是速速矇混過關」的年代，沒有人知道這節目要怎麼做、能談什麼、可以做到什麼尺度。企劃案徵求起跑後，彷彿吹皺一池春水，人人春心蕩漾、「性」致勃勃，卻個個沒有把握。

製作人陳君天倒是認真準備了起來，其實也不令人訝異，越是困難度高的案子，越能激發他的戰鬥力。那陣子隱約知道他晝伏夜出在弄新節目，等我接到他電話時，陳大哥的企劃案已經打敗各路英雄好漢，確定拿下台灣第一個性教育節目的製作權了，節目就叫《人之初》。

「很多人想主持，我都不要耶，妳最適合啦，」陳大哥遊說我接主持棒：「男生主持，女生不敢看。女生裡頭，小女生太嫩了，也不適合；妳結婚生小孩了，形象又端莊，到時候滿口談性，才不會引人遐想……」

其實陳君天一開口，我已經迫不及待地點頭了。陳大哥製作的節目，還有什麼好說的呢？明知一旦答應，又得開始拋夫棄子地錄影，我還是興奮地跳上了賊船——誰叫陳君天是海賊王呢？

ഌ

試錄第一集時，我們想試試水溫，看看一般民眾和各方學者專家，對這樣一個節目的想法。我和工作小組背著攝影機，上街頭做了採訪，結果果然很有意思。

抱著一個妹妹的家庭主婦沈太太（支持）：「很不錯啊，總比他們跑來問我，我不知道怎麼回答來得好。」

專科男生譚同學（羞怯又興奮）：「我覺得，嗯，我現在也滿需要的！」

國中女生黃同學（正氣凜然）：「我們現在還小，那很多事情啊，以後長大會慢慢瞭解，我是覺得，我們現在不需要有太多的好奇心，這樣子對我們小孩子，是絕對沒有好處的！」

主婦聯盟胡女士（知性表達肯定）：「如果有這個節目開放，我會選擇和我先生孩子一起看。」

帶著一副大眼鏡的上班族黃小姐（振振有詞）：「基本上是贊成，可是如果還是跟健康教育課本十三、十四章一樣，講的都是皮毛，那我看其實也不必了！」

師大衛教所吳教授，則是插著口袋、帥氣地靠在校園柱子旁（學術論文模式啟動）：「人類親密的關係，跟愛與婚姻脫離不了關係，所謂『性』，是性生理、性心理、性社會角色的合一，所以性教育，是發揚人性的教育，更是支持美滿的、民主化的家庭生活的基礎。所以學術上，我們稱他為——『家庭生活與性教育』。」

穿吊嘎的外省老伯伯，則是受訪者中最激動的：

「咱祖孫傘呆（三代），坐客廳裡看這個東西，小孫子一問呀，我要說什麼捏，這，這沒法兒講嘛！」老伯伯憂心忡忡，忍不住又叮嚀了一句：

「這種節目，久堆久堆（絕對絕對）不適合低！」

製作小組還做了大量的問卷，調查民眾對性知識的瞭解程度，穿插上述的街訪，製作成開宗名義的第一集〈性本善〉。

錄製第二集，正式進入性生理的知識，這時我才真正體會，陳君天非要我主持的原因。我站在布景前，布景上的男性生殖器昂首指著我，我字正腔圓、從容優雅地說：

「關於陰囊，我們將在下一集的節目中介紹，今天要為各位介紹的，是陰莖，男性的陰莖。」

突然很慶幸《人之初》是國語版。這段如果說的是台語，全台灣的電視機，應該會瞬間嚇得集體關掉吧！

不止幕前台詞嚇人，幕後的對話也頗驚聳。《人之初》工作團隊中，年輕可愛的女孩不少，既然做的是性教育節目，女孩們也徹底解放，性器官老大剌大剌掛在嘴邊。《人之初》每次開棚都是戰鬥模式，攝影棚一片兵荒馬亂中，女孩們的嬌呼此起彼落：

「我的子宮咧？」（要腳本）

「我的陰道不見了！」（找道具）

「誰把我的乳房拿走了？」（拿畫卡）

「趕快把你的陰莖拿過來！」（搭布景）

棚內錄影在陳大哥的製作公司進行。他租下一層樓，格成幾個工作區，環境有點陽春：沒有中央空調，整層樓只有一台神經質的老舊冷氣機，一插電就很激動，整屋子轟轟作響，於是每次錄影時，所有電扇和冷氣都得關掉。開錄時正值夏天，聚光燈前後烤著、房間悶著、汗水奔流著，每段一錄完，我就直奔隔壁冷氣房，把電扇全部打開，以最大風速呼呼直吹……

台詞也是個挑戰，節目中有大量的專業知識，還時常穿插許多醫學專有名詞，試過幾回，決定製作大字報，減輕我背腳本的壓力。道具組先是弄來很薄的白報紙，黏成長長一條，腳本一段段騰上去後，由兩位助理在我面前慢慢捲動。實際錄影後發現行不通，紙張捲動時會發出聲響，現場收音全吃了進去。後來又換了好多材質，最後選用辦喪事的白布，黑色奇異筆在上頭謄滿腳本，每次錄影就弄得鬼影幢幢，只見攝影棚滿地輓聯、氣氛詭譎，一錄完就得趕快收拾乾淨，免得嚇人嚇己。

ଓ

才錄了兩集，我確認懷上第二胎，全家都驚喜不已。當時距節目正式播出還有半年，卻遇上完整的孕期和分娩。我心想如果換主持人，也許還來得及，馬上對陳大哥據實以告。陳大哥倒是興奮地擊掌：

「那太好啦，剛好讓妳現身說法！」

於是，除了進行中的單元外，原先規劃的〈妊娠〉、〈分娩〉兩集，外景便由我當受訪主角；每回產檢，製作小組就跟著我一路拍攝，完整記錄我孕期的家居生活與活動。

這一胎隔了七年，百般奮鬥才懷上，卻遇上陳君天的節目，我常跟著製作小組忙到凌晨三、四點，生理時鐘大亂。婆婆忍不住跑到攝影棚盯場：

「陳製作啊，我們家可就這一個寶貝孫子，你不要每次讓我媳婦熬夜啦，小心孫子掉了我找你。」

事實上，我們雖忙得七葷八素，卻毫無怨言，因為整個團隊中，工作量最大的，肯定是陳大哥自己。每集一個主題，一系列製作下來，需要涉獵的知識既深且廣，他搬了一大堆醫學書刊到工作室，整天和香菸、性器官圖鑑泡在一起，所有專業知識都反覆查證後，才親筆寫下每一集的腳本。

他還善畫，當時受限於尺度，很多圖片不能直接翻攝，因此需要大量的手繪圖卡；每次錄完影，大夥殆欲斃然地離開，他還繼續窩在工作室，點了根菸，一筆一劃細細琢磨到天明。節目中無論是男女性器官、各種幽默的漫畫，或是性愛、愛撫的示意圖，幾乎都出自陳大哥靈巧的畫筆。

ꕥ

籌備了大半年，節目終於即將開播，我們在士林紙廠舉辦試片會，播出第一集〈性本善〉與第三集〈男性性腺——睪丸〉。試片會引起各界極大的迴響，爭議和報導潮湧而來，廣告商也瘋狂卡位，節目還沒開播，廣告已經塞了滿檔，完全排不進來了[1]。

一九八八年七月二十五日，節目在台視正式開播。第一季有十三個主題，從性生理的角度出發，由於力圖把「性」一舉打入每一戶人家的客廳，時段選在每週一晚上九點，每集播出半小時。

播出後的收視率出爐，《人之初》拿下當週所有九點時段的最高收視，把第二名遠遠拋在後頭，給了我們一劑強心針！第二集趁勝追擊，我們在螢幕上大談男性生殖器，收視率更高了；結尾前預告了第三集的內容，於是下週同一時間，觀眾再度害羞地守在電視機前，等著看我介紹陰囊和睪丸……

不得不承認，《人之初》實在是媒體寵兒，隨著每一集的播出，不斷引爆各種話題：

衛道人士對節目尺度的質疑從未止歇、支持與反對的聲浪，更持續在媒體上激烈交鋒，《人之初》就這樣，三天兩頭占據媒體版面，熱鬧極了。

收視率居高不墜，觀眾更是踴躍來信，支持、提問、建議的都有。有回錄完影，離開電視台時，照例領了一大包觀眾來信，我坐在計程車上閱讀，其中一封爬滿了凌亂字跡，署名「侯麗芳小姐親啟」，裡頭放著幾張衛生紙；小心翼翼地攤開，赫然發現一叢蜷曲的陰毛……我驚叫一聲，立刻將整包信扔得老遠，彷彿手中拿著的，是即將引爆的手榴彈……

儘管面對各種聲浪，我們從未停止挑戰當年的尺度極限。第十集，我向觀眾開場白，「關於這一對美妙的乳房，究竟暗藏什麼玄機呢？」我的身後出現了裸女沖澡的畫面——露點無碼——保守人士再度對節目展開強力抨擊。而引爆最激烈爭議的，是第一季的最後一集，帶著「索性豁出去」的心情，我們推出了〈性反應與性行為〉，介紹性行為中各階段的生理反應，其中難度最高的，就是「視覺呈現」的方式，我們在當年保守的尺度邊緣遊走，每一分鐘都岌岌可危。

如果要表達「血壓在性行為各階段的變化」，這還算容易：只要拍攝血壓計的水銀柱，不斷忙著跑上跑下的畫面，就可以輕鬆過關了。

假如要呈現「性交過程全身肌肉緊繃」，這就有點挑戰了，重點部位當然不能露，臉部表情則顯得「太淫穢」，於是畫面特寫床上一隻女人的手，痙攣地緊抓棉被、放開又抓緊、放開又抓緊……突然來一下抓得特別大力，棉被差點給擰出汁來……

最挑戰的是「性高潮達陣那一刻」，由於怎麼拍都會超過尺度，反而成了整集最含蓄典雅的部分：陳大哥剪了一段「檳榔葉在颱風中狂亂飛舞」的畫面，背景配上了旁白：「於是，欲罷不能的狀況，就這樣發生了……」

同理可推，如果要表達性行為結束後的「生理消退期」，畫面則帶到一個寧靜的湖泊，陽光灑在湖面上，點點金光，風平浪靜，世界一片祥和。喔，對了，剛剛擰棉被的女人，手也鬆開了……

上面說的，是九點時段尚能允許的範圍，那一集真正踩到尺度邊緣的，是性交的表達：陳大哥手繪了一個簡單的動畫，男人扳開女人的大腿，女性生殖器門戶洞開，此時男性將女性的臀部提高，昂然的男性生殖器，順勢挺進女性的身體中……

這一集送審時驚險過關，播出時卻差點卡門：考量該集尺度與收視觀眾群等因素，電視台臨時宣布，將這一集挪到深夜十一點播出。欲蓋彌彰的後果，就是這一集收視率特別高，而且衛道人士還是崩潰了，尤其性交那一幕——《人之初》竟然播出春宮畫，而且還是進階版的「春宮動畫」！

《人之初》第一季，在保守派人士的崩潰中風光落幕。規劃第二季時，陳大哥著眼的方向略微轉變，更廣泛地由心理學、社會學、人類學，來探討性的知識和問題。我們陸續分析了青少年的性、婚姻中的性、老年的性，以及性變態、性障礙等相關議題。

觀眾的喜好與話題依然不墜，除了廣告滿檔、收視長紅外，台視文化發行的《人之初》系列錄影帶，更是造成轟動熱賣。有回在機場，巧遇前新聞局長邵玉銘，他特地跑來告訴我，買了整套回家收藏。《人之初》不只成了受歡迎的 Home Video，部分醫學院、中小學，更團購為學校教學教材。那是個豐收的冬天，台視員工領了「讓人羨慕到眼珠子掉出來」的年終獎金，主要便是來自《楊麗花歌仔戲》與《人之初》的收益貢獻。

時至今日，到學校送衛生棉的阿姨消失了，課桌上男生女生的楚河漢界也漸漸模糊。性，不再那麼害羞隱晦。偶爾我仍會想起，當年石破天驚的《人之初》，以及那位力圖阻止我們製作《人之初》的外省老伯伯。

不知節目播出時，他有沒有和小孫子，一起坐在客廳觀賞呢？

1《人之初》是台灣第一個自製的性教育節目，也是第一個尚未開播，就造成播出台廣告滿檔的公共電視節目。

國民女神：大家攏愛麻奏！

阿義閉著眼睛，身體抖動地如同一個失控的波浪鼓。他接過香，抖著、跳著跨過了門檻，對著廊外的香爐祭拜，轉身又搖搖晃晃地踩進門檻，廟祝將香插回神桌的香爐中，頓時他全身鬆軟，像一個抽掉繩索的魁儡戲偶，嘩地潰倒在地……

一九八九年，台視籌拍一齣以媽祖信仰為主軸的連續劇，有天，企劃陳蒼嶺先生打了通電話給我。

「我演媽祖？」我還以為自己聽錯了。

「我們翻遍台視簽約藝人名冊，看來看去，大家都覺得就是妳，」陳蒼嶺說：「演媽祖，形象要端正，氣質要莊重，而且過去不能有緋聞、負面新聞，符合條件的沒幾個。」

他接著說：「而且妳家庭幸福，有兒有女，形象很圓滿，想來想去只有妳最適合。」

「那，台語怎麼辦？」

「可以配音呀。」

「可是……我是天主徒耶，沒有關係嗎？」

「哎呀，宗教到天上都相通的啦，」他試圖說服我：「妳就把媽祖當作妳的聖母瑪麗亞，就好啦。」

出一趟外景就是好幾天不在家，何況當時兒子才剛出生，先生倒是率先表態：

「媽祖是很好的神明，在台灣又有數百萬信眾，這麼好的機會，接下來當然好。」

神父也鼓勵我：「這是妳的工作，和信仰不衝突，如果妳的專業和形象那麼適合，就好好表演吧。」

一九八九年七月，我拎著行李，和劇組飛到了風景秀麗的武夷山。《媽祖外傳》成了台灣電視史上，第一個飛到中國大陸取景的劇戲節目。

೫

天還矇矇亮，眼皮沉重地彷彿掛了鉛塊，我就摸黑起床準備梳化了。我和化妝師通常是劇組最早起的人，因為媽祖扮相繁複細緻，每天都得奮戰兩、三個小時：頭髮上膠、數十個髮夾、貼髮片、上髮網、固定髮托、再做出細緻的美人尖和鬢角。服裝也是繁複堆疊，層層布料在身上又束又綁，最後再勒上一個密不透風的高領圍脖——媽祖保佑，當時正是酷暑三伏天哪！天亮前已是悶熱難耐，等太陽輕輕躍上武夷山頭，蠢蠢欲動的汗珠再也按捺不住，熱得直在我的媽祖戰袍裡滾滾亂竄。

戴上近三斤重巨型頭冠，還來不及調整角度，圍觀的民眾、公安、廟方人員已經發出聲聲驚呼：「真的好像咱們媽祖啊！」

被當作活媽祖後，我走到哪兒，總有一群人遠遠跟著：他們手比劃著、指指點點，如果發現我轉頭，就露出興奮的微笑，或圍過來要求合照，只要不影響工作，我也來者不拒。

其實我很樂於滿足這些可愛信眾對媽祖的想像，然而完整的媽祖戰袍，威力可比行動式

SPA烤箱，穿上三分鐘汗水就急躁地全身奔流，所以大部分的時間，我還是取下頭冠、脫下外袍，頂著一臉大濃妝，在片場一角認真背劇本。

從我們下飛機開始，公安人員就隨隊一路陪同，片場周圍，總看到他們晃來晃去。有時我們和當地民眾、臨演聊天，公安人員就會晃悠過來，聽我們聊什麼，聽著有意思，便湊上來一起聊，嘻嘻哈哈一陣，又搖頭晃腦地到別處巡視。

當時天安門事件剛剛發生，民主女神在廣場被推倒的畫面，透過全球媒體強力放送；我們帶著澎湃沉重的心情入境中國，卻彷彿踏上另一個時空：翻開報紙、打開電視，平靜的彷彿尋常日子，沒有隻字片語提起關於天安門的一切。

有天我們終於按捺不住，和當地民眾聊了起來：

「你們北京的天安門事件，現在怎麼樣了？」

「天安門？」廟方人員和當地臨演一臉納悶：「天安門怎麼了？」

我們七嘴八舌地說明了事件始末。

「怎麼可能？」當地民眾議論紛紛：「不可能啦，我們怎麼都沒聽說？」

「是真的，那天晚上北京政府還出坦克鎮壓，」我們一邊注意到公安人員正朝我們走來，一邊繼續說著：「好多人被子彈……」

「胡說！」公安人員打斷了我們：「沒有這回事，不許亂講！」

「真的啦，」助理忍不住辯駁：「還有一個男生，跑到馬路正中央，很勇敢地擋住一整排的坦克車耶……」

「那都是假的，你們不要被騙了，」公安大聲喝斥：「都是美國做的假影片、假新聞，故意放出來，要誣陷咱們北京政府的！」

「以後不准再聊這個。」他撂下這句命令，扭頭走了。

當地民眾知道踩著了禁忌，不敢多問，鳥獸散沉默地離開。

我和劇組人員面面相覷。原以為我們是第一個赴中拍攝的劇組，所以派公安人員來保護我們，這下大夥心裡都有了底。

片場的日子緊湊一如尋常，沒有人再提起天安門，大夥也機伶地不再聊起任何不該聊的事。

我們卻沉默地記得：那個夏天，天安門的民主女神，是如何無聲地倒下、湮沒在歷史的煙塵中……

《媽祖外傳》播了一季，因為貼合台灣民眾的信仰，加上晚餐時段全家老小吃飯配媽祖，一路拉出長紅收視，製作人決定乘勝追擊，再拍一年。新一季名稱是《三媽再生》，編劇幫我設計了很多「媽祖化身凡人、下凡救濟眾生」的 cosplay 橋段：有時扮算命仙，有時扮老瞎子，有時演憂傷的村婦，有時候又化身為風流倜儻的帥公子……這實在太有意思了，每回都有新把戲，可讓我這業餘演員過足了戲癮。

造型雖然多變，不過完裝的媽祖造型還是人氣無敵：只要我穿上媽祖戰袍、戴上媽祖頭冠，一下戲，總有熱情的民眾圍過來要求合照。有回，鄰近小廟的廟祝，還開著小發財車，把自家千里眼、順風耳的神偶專程載來，就為了和我這山寨媽祖合影；而那天深夜，我們親眼見證了千里眼的大駕光臨……

凌晨一點半，月牙兒靜靜攀上了廟簷，整個劇組已經兵疲馬睏，還撐在廟裡趕拍最後幾個片段。忽然「啪！」一聲，正殿的電燈熄滅了。

工作人員旋即忙成一團：有人聯繫廟方人員，有人嘗試找故障來源，執行製作阿義則是跑到側殿，虔誠地祈禱了起來：

「請四方神明幫忙，盡快幫我們把電燈修復，今天晚上一定要順利拍完啊，不然，要開天窗啦……」

大夥聚在側殿聊天休息，過了半晌，突然飄來一股神祕的幽香，此時電力開始陸續恢復，阿義卻出狀況了：他痛苦地蹙了眉、閉上眼睛，身體止不住地抖動，頭也甩個不停，當他連眼鏡都給甩下來時，我們幾個女生嚇得驚呼連連，全抱成一團。男生們趕快將阿義扶到神桌旁，廟方連忙將桌上灑滿了香灰，跟我們解釋：「被附身了！」

廟祝恭敬地問：「請問，您是何方神聖？」

阿義伸手，在灑滿香灰的神桌上，寫了一個「千」字。

廟祝驚訝地說：「啊，你是千里眼，千將軍嗎？」

抖個不停的阿義，點了點頭。

大家一片嘩然，我緊緊抓著身邊的助理，害怕地不敢呼吸，助理趕忙安慰我：「不要怕啦，千里眼是跟在媽祖身邊、專門保護媽祖的耶。」

廟祝又問：「那您今天現身，是希望我們做什麼？」

阿義在桌上，緩緩寫了兩個字，大家跟著唸：「載……回……」

阿義停住了。

「載回？」大夥絞盡腦汁想不出個頭緒：「什麼載回啊？」

我突然想到：「會不會是今天下午，隔壁廟載過來跟我一起拍照的千將軍？」

又問了阿義，他閉著眼睛，再度點了點頭。

廟祝問了劇組：下午把神偶載走時，有沒有擲筊問過？大家面面相覷，皆說沒有，頓時恍然大悟：原來千里眼想留下來看我們拍戲，隔壁廟卻硬是把神偶載走，千將軍一氣之下，沒跟著回去……

廟祝撚起三炷香，和阿義打商量：「千將軍，現在已經半夜一點多了，你們的廟也關了，這樣如何，明天村裡有廟會，我們請你們廟裡，把神偶載過來，和我們媽祖再拍幾張照片，順道接你回去。這樣安排，你有歡喜嘸？」

阿義閉著眼睛，身體抖動地如同一個失控的波浪鼓。他接過香，抖著、跳著跨過了門檻，對著廊外的香爐祭拜，轉身又搖搖晃晃地踩進門檻，廟祝將香插回神桌的香爐中，頓時他全身癱軟，像一個抽掉繩索的魁儡戲偶，嘩地潰倒在地……我們七手八腳將他扶起，只見他臉色發白，冷汗直流，吐了一點白沫，身體倒是不抖了，疲累地睜開眼睛。大夥連忙問他發生什麼事，阿義虛弱地說：只記得聞到一股幽香，後來，他就什麼都記不得了……

我是虔誠的天主徒，但從此尊敬神佛之說。宇宙裡有太多科學難解的奧妙，更何況，我還有一位名震天下、叫做「千里眼」的粉絲呢！

ꙮ

媽祖連續拍了兩年，受到超乎預期的歡迎，第二季殺青時，大夥都有意猶未盡之感，我和製作人羅文忠發下豪語：

「如果還要再拍媽祖的話，我一定親自講台語，不要再用配音！」

「好，」羅文忠也很興奮：「衝著妳這句話，我一定拍第三季！」

這豪語完全出於莽撞的憨膽，事實上我的台語程度，只能用坑坑疤疤來形容。做秀還行，兩句破台語還可增加笑料，演媽祖就不能胡來了。所以當第三季《媽祖後傳》確定開拍時，台語很溜的執行製作阿義，就被分派來收拾我的破台語。

阿義將我的台詞，全部用台語仔細唸一遍，錄成錄音帶交給我。我反覆聽，劇本上密密麻麻記了各種筆記，注音、英文音標、各式符號都派上用場。比如台語的「心」，發音為「ㄒㄧㄣ」，收音時口型要閉起來，才會發出「閉口音」；我就在旁邊寫一個英文字母「O」，意思是「嘴巴記得閉小小」。整本劇本畫得天書一樣，只有我能解謎。

花了以往三倍的時間背台詞，臨上場還是近鬪情怯：第一集到烏日媽祖廟出外景，村子裡的民眾，扶老攜幼來看拍戲，我偷偷打量圍觀的民眾，每一個人看起來，台語都好厲害的樣子，自己倒先氣弱了起來。正式開錄了！我笨拙地唸著台詞，依稀聽到好像有民眾噗嗤笑了，這一笑讓我信心瓦解，我越說越緊張，越緊張越小聲……

「卡！」導演忍不住了：

「欸，麻奏，咖打瞎蕾啦！聽嘸啦。」（媽祖，大聲一點啦，聽不到啦。）

我心虛地說：「厚啦。」（好啦。）

值得慶幸的是，媽祖不是多話的女生，而且氣質典雅，說起話來慢條斯理，這讓我和台語的磨合減了幾分辛苦。我的台語原音重現後，觀眾對媽祖系列的喜愛有增無減，於是第三季《媽祖後傳》、第四季《媽祖過台灣》、第五季《媽祖出巡》、第六季《千里眼與順風耳》……帶著漂亮的收視率和觀眾的熱情支持，我們就這樣，一年一年地拍下來。

拍了幾年媽祖，戲感漸漸磨了出來。一開始最怕演哭戲，醞釀情緒時，老是大家急得都快哭了，只有我哭不出來。導演要我想最傷心的事，於是我回想父親過世那段回憶，掉眼淚這事才勉強過關；哭的「情緒和層次」就無法強求了——仔細看，每一幕都像女兒想爸爸。

幾年演下來，情緒的百轉千迴，竟讓我慢慢摸索出來，後來阿郎（陳震雷）邀我演單元劇，劇中飾演莫那魯道的妻子[2]。日本軍人攻進部落，部落的男人們不敵，終於節節敗退，我以頭目夫人的身分，召集部落的女人，勇敢宣布：寧願集體了斷，也不願讓日本人羞辱！頓時淚如雨下，一鏡到底沒吃NG；下了戲，光腳踩過尖銳的竹林地，悲壯的情緒久久不退，覺得自己完全就是賽德克族的頭目妻子了。

深刻感受媽祖的魅力，是一九九〇年到中國大陸旅行。當時台灣赴中旅遊剛開放，旅程中常遇上台灣團，只要有人眼尖發現我：「啊！麻奏底佳！」整團台灣鄉親隨即狂奔而來，爭著和我講話、握手、排隊合影留念。「麻奏！麻奏！」的熱情呼喊，從北京一路跟隨到蘇杭，整趟旅行成了另類的「媽祖遶境」。有天在頤和園上廁所，廁所門高度僅及腰，排隊等廁所的一位台灣阿嬤，眼尖捕獲了「正在上廁所的野生媽祖」。

「啊——唷——，麻奏，麻奏啦！大家趕緊來看麻奏喔！」

廁所外的阿公、阿嬤、婆婆、阿姨們，全興奮地湧進來，熱情的呼喚此起彼落：

「麻奏底佳啦！舞剎比啦！安啦！」（媽祖在這裡，有保佑啦！安啦！）

「麻奏，來啦，來照相啦！」

我匆匆穿上褲子，手忙腳亂地拉上拉鍊，人群迅速將我攻陷。可愛的影迷們和我合影、握手，他們是如此熱情而單純，絲毫不介意今天的媽祖沒帶頭冠，穿了一條牛仔褲，嗯，腰上還掛了一個霹靂腰包……

接演《媽祖系列》後，我的工作邀約一直沒停過，其中包括來自各種不同宗教的節目主持與活動邀請[3]。時至今日，每回逢年過節，或經過媽祖廟，我總會捻上一炷香，添上香油錢，感謝媽祖給予我這樣的幸運，以及演出媽祖的美好機緣。

《媽祖系列》一拍六年，我的台語一直說得挺辛苦，而台灣觀眾回報給我的，卻是如此純真而熱情的疼愛。這情分，至今我仍深深感念。

1 一九八九年天安門事件爆發，隔天六月五日，包括《新聞週刊》、美聯社、馬格蘭攝影通訊社、路透社等各大媒體，都拍到了中國民眾王維林以肉身阻擋坦克前進的畫面，王維林自此生死成謎。此相片於二〇〇三年，被美國《生活》雜誌選入改變世界的一百幅照片。該相片版權原隸屬美國科比斯影像公司，據傳已於二〇一六年一月，被中國企業購回。

2 為台視播出的《人物傳記劇場》五集單元劇《名人傳記——莫那魯道》，全片在霧社出外景，阿郎（陳震雷）自導、自編、自演，殺青後阿郎即因癌末住院，來不及看到播出。該劇播出時間為一九九四年七月。

3 一九八八年，佛光衛視邀請侯麗芳小姐主持《佛光大辭典》（講解佛經）與《歡喜生活家》（介紹素菜料理、生活座談）等節目。另多次受邀宗教活動主持，包括：一九九九年中台禪寺舉辦之《九二一震後埔里災區撫慰人心音樂晚會》（任主持人），二〇一五年《佛光山甲子慶——南華大學老歌義唱會》（任主持人），法鼓山舉辦的跨界宗教座談會（任引言人），實況轉播媽祖遶境（任主持人），以及參與基督教、天主教的慈善活動。

歌星之歌：誰來空中與我相會？

她簡單又深邃，所有想說的話，全傾訴在歌裡了，
我又問了句什麼，她思索了半晌，抬起頭，
給我一個淡然而絕美的微笑……

週六的清晨，馬路上空曠清爽。今天的天空是飽和的水藍，一種讓人特別輕盈的顏色，我輕輕踩著油門，不疾不徐，甚至輕鬆地哼起歌來。

每週六是進錄音室錄廣播的日子，一整天錄六集，足夠一個禮拜的存檔。當初進中廣主持《歌星之歌》，是黃聲叔叔引介的機緣，黃叔叔是我進華視第一個節目《南來北往》的製作人，也是中廣管樂團的指揮，有回他問我，有沒有興趣來玩玩廣播。

「當年我想考，都沒考進去哪！」我興奮地一口答應：

「有機會的話，當然好哇！」

我歡天喜地踏進中廣錄音室，算是圓了當年念廣電科的夢想。沒想到這是場美麗的馬拉松，《歌星之歌》一唱就是二十六年，成了中廣史上最長青的節目。

錄《歌星之歌》是我工作中最輕鬆的一個：不必梳化、上鏡頭、做造型，只要帶著愉快的心情進錄音室即可。於是我清素著一張臉，穿著舒適的牛仔褲、趿著涼鞋，在週六的清晨出門，清新地彷彿是假日上圖書館的大學生。

如果「磁性的嗓音」是深夜廣播的獨門必殺武器，那「愉悅的心情」肯定是早晨廣播的基本配備了。打個比方來說：「大家早安，我是侯麗芳！」垮著臉說這句話，聽起來就像黃臉婆發現老公亂丟臭襪子；帶著微笑講，就像嬌妻做了早餐，到床前呼喚老公起床。

因此，每回進錄音室，我一定帶著愉快的笑容——誰願意一大早和一個沮喪的黃臉婆在空中相會呢？

《歌星之歌》每天早晨八點到九點播出，正是上班族的通勤時刻，收聽率常年居高不下，也是歌手發片宣傳的指標節目。無論是青澀的歌壇新秀，還是橫掃港台的四大天王，只要發片，都要乖乖來錄音室報到，在《歌星之歌》的招牌大牆上簽名留念。當年紅得著火的小虎隊，第一次的廣播通告就是《歌星之歌》，三個才剛過青春期的小男生，剛進演藝圈，既生澀又害羞，開錄前頻撫胸口大呼緊張，這時候「超有親和力、沒架子又素顏的侯阿姨」就發揮作用了：我說別擔心嘛，沒講好我們就重錄，大家都這樣啦，和他們聊了幾句俏皮話，小男生們嘻嘻哈哈間便放鬆了，錄音順利一次搞定。

不是所有新人都羞澀緊張，偶爾也有令人驚喜的表現，張雨生出現在錄音室時，清新地揹了個大背包，娃娃臉配上嬌小的個頭，大家直呼可愛極了！電視上總是寡言又害羞的張雨生，一進錄音室完全不結巴，講著講著常天外飛來一陣高分貝的大笑，不好笑的事情被他一說都莫名其妙好笑了起來！我忍不住問他為什麼電視上那麼害羞，錄音室裡就變了個人？他哈哈笑說沒有攝影機啊，侯姐妳人特別親切嘛。

訪問王菲，則是每個主持人生涯必經的「魔王級挑戰」，她簡單又深邃，所有想說的話，全傾訴在歌裡了，清澈的眼眸透露著她不需要訪問。我努力和王菲聊音樂、聊新專輯，聊著聊著，從簡答題逐漸變成是非題，再由是非題變成了輕輕的「嗯……」，我又問了句什麼，她思索了半晌，抬起頭，給我一個淡然而絕美的微笑——天啊！我急得直冒汗，美人說說話吧，收音機旁的聽眾，可是看不見妳的呀！

當年的港星，經紀公司總是保護的嚴密周到。有回萬梓良來錄音，人才剛到，「保姆」便把我拉到一邊溝通：緋聞不能問、〇〇不能問、〇〇也不能問……我苦惱著那剩什麼可以訪問呢？花五分鐘聊完「台灣什麼小吃最好吃」這種基本安全題後，我試探地和他聊起童年，某個開關意外被觸動了。他的眼神飄向了很遙遠的地方，緩慢而真誠地說著那貧困而飽受霸凌的童年：因為家裡貧窮，從小出養給姓萬的家庭，有回跑到社區公用的電視前想看電視，卻被社區的小孩追打、驅逐，因為「你們家是窮鬼」，萬梓良靜靜地說：「那時候，我只是單純地很想看電視啊……」

我靜靜地聽，不捨得打斷他的故事，直到他的眼神從童年再次回到錄音間，我給他一個瞭解而鼓勵的微笑，順便趁中場進歌。這個悍然偉岸的男人，對我靦腆地微笑了。

「好奇怪呢，怎麼到妳這裡，跟妳說了那麼多呢？」

他說：「這些，我不曾對別人說起的。」

沒有安排來賓訪談的時候，錄音室的工作更輕鬆了。我和聽眾聊聊天、進歌、放音樂，趁放歌的空檔記帳：這個月收入多少，開支多少，看著帳本逐漸往上累積的數字，我開心地笑了起來……

「別算啦，」黃聲叔叔忍不住揶揄我：「全台北的錢，有一半都給妳賺走啦。」

「哪有啊。」我笑著說。

「麗芳，妳為什麼還不結婚呢？」

我從帳本裡抬起頭來，認真地說：

「我要存到一百萬給爸爸媽媽，才能放心結婚。」

ജ

我和楊結婚後，買下了兩戶對門的公寓，將父母接過來同住。有天父親從對門來家裡，慎重地交給我一疊紙：

「麗芳，這是爸爸用複寫紙寫的，一共四份，你們一人一份，」

父親平靜地說，好像他交給我的是自來水帳單：「就當做是我給你們的遺囑。」

我望著那四張紙，讀得眼淚直流：「你寫這個幹嘛啦……」

父親笑著說：「傻孩子，人都會有這一天的呀……」

下意識想逃避那疊紙，我趕快轉移話題：

「我們最近買了新房子，等兩年房子蓋好，就要接你一起去住呢！」

父親笑了：「不知道我能不能等到房子蓋好那天？」

「哎唷，」我連忙阻止父親說下去：「爸爸你不要亂說啦。」

我帶父親去看建蓋中的新房子，每個禮拜樓又高了一點，我們瞇著眼仰望，覺得一切充滿希望。

誰也沒想到，那是父親最後一個冬季。

那年冬天父親受了風寒，身體極度不適，幾乎喘不過氣。楊揹著雙腿虛軟的父親下樓，我們驅車到醫院，迅速安排了住院。度過頭幾天的兵荒馬亂，有天在醫院陪父親時，父親指著氧氣罩說：

「麗芳啊，這氧氣罩，是不是關掉了？」

我跑去護理站詢問，話才說了一半，護理長驚訝地張大雙眼：

「快！快快！」她迅速下令，幾個護士跟著護理長，往父親的病房奔去。

趕到父親病房時，他已經陷入昏迷。我跟著醫護人員在長廊上奔跑，混亂的腳步聲、病床輪子轆轆滾動的聲音、轟亂亂的醫囑，這代表什麼？我要失去他了嗎？我們奔進電梯，這是我這輩子搭過最漫長的電梯，為什麼每一層樓都要停呢？我急得快哭了，慌亂地望著眼前的父親，他的雙眼緊閉，嘴唇已是毫無生氣的紫黑色。

急救了一個多小時，終於把父親從鬼門關搶回來。醫師說，父親的肺已經失去功能，需要氣切，用儀器來幫助他呼吸。醫師說，氣切以後就不能講話，也不能離開醫療儀器了。醫師說，沒關係我們會給妳一個板子，他想講話時，可以用寫的。醫師說，還有什麼家人，最好趕快趕回來，你父親情況很危險，隨時會走。

醫師說……醫師說……醫師說……

我伏在父親耳朵邊說話：「哥哥們都趕來看你了，姊姊也從美國坐飛機趕回來了……」

父親想說些什麼，他要了小板子，虛弱地寫下「要——回——家——」

連著數日在醫院和家裡來回奔波。父親時而清醒、時而昏迷，為了避免父親扯掉醫療的管線，護士用紗布將他嶙峋的手綁在床架，我望著迅速委頓的父親，心頭沉甸甸地，卻沒有意識到，這輩子將再也聽不見父親的聲音了。

一切來得太快。那是個藍天朗朗的週末，踏進錄音室時，第一次感覺腳步如此沉重。勉強錄完兩集，實在感覺心神不寧，和夥伴們確認存檔還足夠後，我狂踩油門穿過台北市；

車才開到家門口，只見姊姊在陽台上，朝我焦急地揮手：「麗芳，醫院剛剛緊急來電……」到醫院時父親已經失去意識，儀器管線呼嚕呼嚕地響，我絕望地看著醫療團隊，無助地望著儀器越來越微弱，終於，拉成一條直線。

像一株被砍倒的樹，我失去了所有支撐，嘩地潰倒在楊的懷中……

一切來的太快。命運派了一個超級精準的突襲手，突然就把爸爸整個人偷走了。

車子無聲在馬路上奔馳，收音機裡傳來自己的聲音：「大家早安，我是侯麗芳！」我立刻聽出是父親離開那天錄的存檔——當天錄音時，我不斷提醒自己：要微笑，要微笑！微笑時，聲音才會微笑啊——此刻我卻清楚地聽見一個小女兒的憂傷。握著方向盤，望著台北的天空，許多回憶緩緩湧現：

想起父母親跟我到花蓮錄影，我們在吊橋上歡樂地合影，父親慎重地穿著西裝、露出可愛的小白牙，那是父親晚年很少見的燦爛笑容；

想起婚禮上，母親堅持讓大哥穿著空軍英雄獎章的軍官大禮服牽我步上紅毯，那本應屬於父親與小女兒的時刻啊，父親只能在舞台上巴巴地望著，卻沒有爭辯，一如他一生的敦厚。

父親知道我愛吃魚，總把自己的份讓給我。「爸爸不吃，妳吃，」他總是安安穩穩地說。我甚至不記得，小時候爸爸究竟有沒有吃過魚……

醫師要父親簽署我的病危通知書，父親心疼地掉下眼淚：「她那麼小，太辛苦了，讓我替代他吧……」

當時家裡窮得四處借貸，我卻夢想穿上芭蕾舞裙，父親沒有猶豫，慈愛地牽著腳踏車，帶我到台南找舞社。我終於沒能學成芭蕾，卻始終記得：那半輩子征戰沙場的老兵，曾如此溫柔地，呵護小女兒的芭蕾舞之夢……

騎樓下，一個熟悉的身影閃逝而過：小小的個頭，微微佝僂的背，抖擻的步履，我慌亂地停了車，在人行道上尋找，想追上那似曾相似的身影，他也有一口潔白的小暴牙嗎？那身影在人群中閃爍而又隱沒，他走得又急又快，直到我終於在茫茫人海中，再度失去了他……

回到車上，《歌星之歌》裡，我正努力維持開朗的聲音，和聽眾們在空中相會。父親總愛在早晨打開收音機，邊聽《歌星之歌》、邊看報紙，我常笑他到底有沒有在聽呀，知道他只是喜歡我的聲音陪伴。而未來，誰又能在空中與我相會？

我虛脫地伏在方向盤上，放聲痛哭了起來……

人生如歌

我是楊媽媽

看著電視裡的新節目、新的主持人組合，
那曾是我飛揚馳騁的舞台，
一股無以名狀的空虛從電視盒子裡漫溢開來，追得我無處可逃……

結婚不到一年，我順利懷孕了。楊和我都算大齡晚婚，確認懷孕後，全家人都開心極了。我照常錄影、上節目，個頭原本就高的我，隨著孕期推移，更逐漸發展成一尊龐然巨物，為了遮住圓滾滾的大肚子，道具組幫我弄了一個更大的講台，錄哪個節目都用得上。

秋天，女兒大媛翩然降臨我們的小家庭，婆婆手藝好，親自幫我坐月子，我也暫時卸下電視台的工作，全心學習「母親」這個新角色。哺乳、換尿布、洗奶瓶、拍嗝，這些新把戲弄得我鎮日手忙腳亂；只在偶然的深夜，望著伏在胸前沉睡、軟綿綿的小傢伙，靜靜感受她與我一起脈動的心跳，才隱約感覺一股生命共同體的甜蜜牽絆。

每週日回婆家的行程，開始變得充滿挑戰：嬰兒不耐舟車勞頓，路上稍一顛簸，便稀哩呼嚕吐了一身的奶；滿車的尿布奶瓶中，我抱著一個暴哭的嬰兒，狼狽地清理身上酸餿的奶塊。不經意瞥見車窗外的街道，年輕男女說笑著、愛戀著，陽光灑在他們年輕的臉龐，如此明亮而輕盈。我怔怔地望著車窗外的世界，幾乎忘了時間的流動，直到女兒憤怒的啼哭，將我瞬間拉回真實。

我是楊媽媽。攝影棚的日子逐漸遠去，丈夫、孩子、婆家、娘家、柴米油鹽占據了我的生活，日子如同陀螺一般瘋狂旋轉。

我渴望再次擁抱我的麥克風、再次回到屬於我的舞台……

那個年代的藝人，為了維持神祕感與行情，「單身沒交男朋友（或女朋友）」幾乎是闖蕩演藝圈的基本配備。戀愛要保密、結婚要偷偷摸摸，生子更是天地難容；一旦公開，身價就像走入長空頭的股市，自此一瀉千里、有去無回。對女藝人殺傷力更大，只要結婚生子，幾乎等同宣布退出演藝圈。

這魔咒在我身上漸漸發酵：懷孕九個月後，我暫停錄影，手中的節目，若不是換主持人，就是有新節目取而代之。楊要我放寬心，他的事業逐漸上軌道，而我絕對可以安心地，當他玻璃罩中備受嬌寵的玫瑰花。然而，看著電視裡的新節目、新的主持人組合，那曾是我飛揚馳騁的舞台，一股無以名狀的空虛從電視盒子裡漫溢開來，追得我無處可逃。於是除了照顧大媛，我又安排了有氧舞蹈、寫書法、插花、打麻將，每天把自己忙的筋疲力竭，卻讓公公隨口一句閒聊給瞬間擊敗：

「麗芳，今年過年，都沒有特別節目啊？」

大半年過去了。在我感傷地以為，自己已成為「演藝圈一抹曾經美麗的光影」時，電視台終於打電話來——那鈴聲真是太美妙了！新節目叫《婦女時間》，週一到週五，下午一點播出[1]，每天十分鐘，五天內容分別是美容保養、烹飪、瑜伽、花藝、及醫藥保健。這是我接過時間最短、時段最冷門、觀眾群最窄的節目——男人不會看、小孩不愛看、職業婦女不能看，唯一鎖定的家庭主婦族群，可能正在忙家務、照顧小孩，你得祈禱她們剛好有空看……

然而，能再回到螢光幕前，這些都不重要了！

《婦女時間》是個幸運的開始，播出後，其他節目又陸續上門接洽，我成為少數結婚生子後，仍能回到舞台的女藝人。為了應付日漸忙碌的工作，我們請了一位保姆，每天照顧女兒到傍晚——從此我成了電視圈的灰姑娘，攝影棚是我盛裝出席的華麗舞會，而時間一到，我便要慌慌張張褪去禮服、扔下玻璃鞋，趕在馬車變回一粒南瓜前離開；回到家裡，匆匆換上圍裙，等待著我的是孩子、鍋鏟、掃把和廚房……

我始終沒有成為玻璃罩裡的玫瑰花，卻在日漸忙碌的工作中，逐漸找回熟悉的踏實。

公公是一個樂觀而溫暖的長輩，他的人生字典中，似乎天生缺了一塊怨天尤人、唉聲嘆氣的相關詞組，到哪兒都帶著一團快樂的能量。女兒大媛兩歲時，公公確認罹患肺腺癌，手術後，醫生宣布：最多還有半年的時間。

公公宣布要把握時間，去畢生夢想的歐洲旅行。圓夢之旅回來後，他積極配合化療，抽空還跑去學魔術。每次到醫院治療，總是帶著新的小道具小把戲，療程空檔，就到癌症病床前，表演魔術給病人看。他常常不在自己的病房，不過找他也不難，哪裡聽到灑落了一片熱鬧的歡笑，循著笑聲找就是了。醫生、護士和病友都愛他，尤其護士長簡直成了粉絲，每回都幫他敲鑼打鼓：

「來來來，楊老爸爸又來變魔術囉！」

驚奇度過了醫師宣布的半年，化療結束後，公公的頭髮慢慢長回來，還是光澤的烏黑色，連醫師都驚喜不已。

女兒大媛是公公取的名，另外取了一個大慶，等著送給未來的孫子。我們的確渴望再擁有一個孩子，一來我年紀大了，再來也為公公圓抱孫之夢。公公正努力和生命賽跑，我們也必須和時間追逐：一開始我們順其自然，一兩年後依然沒動靜，於是決定讓醫療積極介入。

醫療計畫從吃排卵藥開始：每天早晨量體溫，記錄體溫變化，以掌握每月兩、三天的「黃金時機」。對滿懷期待的我們而言，生理期成了固定的樂透開獎，期待與失落成了每月上演一次的情緒循環。一年後肚皮全無動靜，醫師決定幫我通輸卵管。

我躺在床上，雙腿高高地跨在支架上，醫師和護士正在準備器材和紗布。

「過程會有點不舒服喔，」醫師溫柔地說。通常「有點不舒服」就是「很痛」的意思，我的雙手緊張地蜷握了起來。

我的床被醫療屏風圍起來，看不見外頭的情形，只感覺每次診療間的門一開，外頭擾嚷的人聲便漫擁進來：低聲的，轟亂的，竊竊私語的……哪來那麼多人呀？一名護士推門出去：

「對啦，是侯麗芳啦！」她說：「走開走開，我們要工作了！」

醫師開始侵入式的診療，我的額頭迸出一顆顆豆大的汗珠，怎麼那麼疼呀，全身的細胞大概都扭成一團了。結束時，護士們收拾著沾血的棉條，醫師說：「輸卵管是通的，我們來安排人工受孕吧。」

我全身虛脫癱軟在病床上。無論我是誰，在這病床上，我只是個渴望懷孕的平凡女人啊。

人工受孕的療程是：女生打了五天排卵針後（我強烈懷疑藥劑裡加了會咬人的辣椒，每一針都奇痛無比），回診確認濾泡生長情形，如果條件足夠懷孕，就取出先生的精蟲，植入太太的體內。

再來，便是將一切交給上蒼了。

第一次回診檢查濾泡，護士請我先去喝白開水，喝到膀胱鼓鼓發脹，才可以照超音波。循著指示找到飲水機，一群太太們正在努力喝水，她們有著不同的年齡、樣貌、穿著打扮，唯一相同的是喝水時虔誠專注的神情：彷彿眼前這杯水，是她們此生唯一的希望……我默默地加入她們，感到心中某處，被溫柔而巨大地觸動了。

「妳……是侯麗芳嗎？」一位年輕太太發現了我，我點頭微笑，太太們全都圍了過來。

「妳不是有一個小孩了嗎？」另一個太太好奇地問。

我說，想再替女兒生個伴，男女都好。大家流露出萬分羨慕的眼神：大部分的她們，還在為第一個寶貝努力著。

我們交換著彼此的嘗試與心得、生活上要留意的細節，更不忘相互打氣。

此時此刻，我們都是渴望孕育生命的女人，而我唯一比她們幸運的，並非「我是侯麗芳」，而是，我已經是一個孩子的母親了。

濾泡條件俱足，楊趕來醫院完成取精，順利植入我的體內。我們誠惶誠恐地等待結果，沒等到肚皮隆起，非常不受歡迎的生理期倒是準時報到。

失敗了，還得收拾心情，下個月全部重來。

下一回，又白忙了一趟，卵巢濾泡還是太小，說是療程期間服用了感冒藥的緣故。我打電話告訴楊，不用來醫院了，掛了電話後，沮喪地說不出話來。

「沒關係，我們還有一次機會[2]，」婦產部主任吳香達醫師安慰地拍拍我的肩膀，他的壓力其實比我還大：我是公眾人物，大家都在看我們還要失敗幾次。

主任叮嚀我盡量放鬆心情，下個月生理期後再來回診。

挑戰再度失敗，卻意外得到一個月的「假期」。

「媽媽脾氣大，你們長期照顧媽媽，可能也累壞了，」越洋電話中，定居美國的姊姊這樣提議：

「這樣吧，我把媽媽接來美國住一陣子，你們趁機放鬆一下。」

母親難得不在家，頓時壓力全消。下班後不用趕回家做菜，我們帶著女兒開心地在馬路上亂晃，討論晚上要吃什麼餐廳、去哪裡逛街，興奮的簡直像放出籠子的小松鼠。等我想起要預約下一輪的人工受孕時，向來準時的生理期，已經遲到了半個多月。

「醫師，我不是很確定，但我好像懷孕了耶，」屢戰屢敗的我，小心翼翼地不敢太興奮，深怕搞錯了，又得被失望的感覺狠狠痛毆一回……

「先不要緊張，如果下週生理期還沒來，妳就趕快回醫院檢查。」醫師說。

驗了尿，我坐在醫院的長廊上，等待檢驗的結果，每一位經過的醫護人員，都讓我全身倏地緊繃，我吞嚥著口水，試圖讓自己鎮定下來。

診間的門呀地推開，一位與我熟識的護士出來，她的眼光在走廊上逡尋，終於落在我身上——要宣判了嗎？我的心臟失控地狂跳，真的好想要一個孩子啊，真的好想……

護士看著我，眼睛瞬間亮了起來，她用力揮舞手上的報告，大聲喊著我：「快點，趕快進來，妳趕快進來！」

在多次人工受孕失敗後，小傢伙竟然自動自發跑來了，是天然的！

壓抑著沒敢太興奮，還需等孕期三個月做羊膜穿刺，才能確認胎兒是否健康。我從不曾如此渴望一件事，生活上極盡可能地小心翼翼，好不容易熬過三個月孕期，立刻約了檢查。報告出爐時，正在出外景，逮住錄影空檔，我奔向附近的公共電話，迫不及待打回醫院。

「胎兒檢查一切健康，是男孩。」檢驗中心的小姐說。

「妳說什麼？」我的心臟怦怦地大力撞擊著喉嚨：

「妳可以再幫我確認一下嗎？是侯麗芳？」

「是的。」

「胎兒健康？」

「是的。」

「是男孩？」

「是的，侯麗芳小姐，恭喜妳！」

我激動地喘著氣，眼淚再也抑制不住，刷刷奔流了滿臉，妝全糊了……

這麼多年來，所有的期盼、壓力與失落全堵在胸口，彷彿一顆巨石，壓得我們不敢喘息；此刻，終於全部釋放。

大慶出生後，我的工作進入另一個顛峰，動輒熬夜通宵、出外景，只得請一位全天候的保姆，和我們住在一起。有天錄影回來想抱抱兒子，大慶生份地看著我，隨即扭頭喊「婆婆」，驚慌地奔向保姆；我錯愕地空虛著雙手，看著保姆和兒子暱在一起，心中的落寞難以言喻。回到房間，頹然坐在梳妝台前，征征望著鏡子中的自己：一天的工作後，我的妝容顯得美麗而疲憊，一股說不出的空洞爬上我的心頭……

以一個女藝人來說，我結了婚，有兩個孩子，還能有這麼多的舞台與機會，至此，我已擁有許多人羨慕的幸運……也許，是該取捨的時候了。

之後，我謹慎地限制工作量，盡可能把時間留給家庭。

而我們終於趕上，為公公圓此生最後一個夢。公公與癌症奮鬥了五年，人生最後一段時光中，最愛小孫子的陪伴，他的體能已漸漸下滑，看孫子的眼神裡，卻多了一抹安靜的溫柔。大慶六個月時，這位令人既尊敬又深愛的長輩，在睡夢中安祥離世。

1早年三台的節目並非二十四小時播出：中午時段為十二點至一點，晚間時段則是傍晚六點開始。製作人彭達力主開闢電視新時段，而其製作的《婦女時間》，也是第一個打開下午時段的電視節目。

2婦產科臨床上，如果體內人工受孕三次不成功，醫師通常會建議做體外人工受孕（即試管嬰兒），但最終仍依據病患的需求而定。

夢妳所夢：給追夢的孩子

心頭一股震動：那是多年來，我不曾再想過的夢。
突然覺得冰雪聰明如她，一開始就都懂得了，
只是等待了許多年，才萬水千山地將我帶來這裡……

我從小喜愛被眾人注視、接受掌聲的感覺，只要能站上舞台，舉凡唱歌、舞蹈、樂器等才藝，逮到機會我都想學。小時候家裡窮，最終沒能學芭蕾舞的遺憾，全投射到女兒身上，我帶著大媛到蘭陽舞蹈團，細心為她挑了舞衣、舞鞋，看她乖巧地走進舞蹈教室，心中滿是圓夢的釋然與滿足。

有回提早去接大媛，在教室外打量上課的情形，只見一屋小朋友跟猴子似的，個個活蹦亂跳，唯角落裡坐一小胖妞，眨巴著眼睛看著大家……

「楊大媛，站起來！」老師忍不住喊了她：「從那邊跳過來！」

小胖妞站了起來，應付地跳了兩下。我忍不住好笑又心疼，原來她從來不愛跳舞啊。

女兒的確不是另一個我，自成一格，很有自己的個性。大媛有一顆極柔軟的心，卻比大多數的女孩都勇敢。上幼稚園時，老師請家長離開，所有的小孩瞬間爆哭尖叫，只有她波瀾不驚，安安靜靜在位置上，不哭也不鬧。她從小低調安靜，不愛出鋒頭，偏偏個子高大，引人注目，老是有人指著她說：

「那個大欉的，就是侯麗芳的女兒啦……」

發現她不愛跳舞後，就不勉強她學舞了，卻發現她對食譜有極大興趣，被窩裡摸黑也要讀料理書。大字還沒識得幾個，食譜上每張相片、每個步驟，倒是記得滾瓜爛熟。牽女兒上街，她指著對街麵包店，字字清晰地說：

「我長大要開一間麵包店。」

「哎唷，妳那麼胖，還賣麵包，」我揶揄她：「萬一店門口都走不進去怎麼辦？」

我自許是個開明的母親，對孩子的學業，沒有太嚴格的要求，只要維持中等即可，相對成績，我更願意他們善良、真誠、待人溫暖、處事圓融，最多，就是希望他們替我圓大學之夢。我念的是世新，當年還是大專制，因此羨慕極了大學生能戴方帽子；尤其畢業典禮，莊重的撥穗儀式後，陽光下一群大學生，將象徵知識的方帽子高高拋向天空，帽穗在碧藍的天空中飛揚，何等青春、何等驕傲——我們畢業時，可沒發方帽子的！

我和楊希望孩子均衡發展，並不側重智育，女兒國小畢業後，便讓她就讀以「全人教育」為理念的聖心女中，希望她快樂上學。大媛不熱愛讀書，國小成績尚且維持中上，國中後卻節節敗退，名次漸漸落入尾段，向來對成績不太要求的我，也開始手足無措。

「這種分數，根本就是沒用心啊，」我拿著成績單，忍不住提高了音量：

「媽媽沒有要求很高，最起碼維持中等吧？」我說：

「不然怎麼考得上高中、怎麼進得了大學？」

大媛低頭不語，空氣逐漸結了霜，我看著心急，催出大火直攻：

「妳幹嘛不說話？」

「我……我就是不喜歡唸書嘛！」她委屈地說：

「每次看到課本，我就很想睡覺啊，妳要我怎麼辦？」

女兒對料理倒是興趣濃厚。每回我在廚房做菜，她總愛跟在身邊，專注地看我備料、使刀工、裝飾、擺盤，一雙眼睛亮燦燦的，完全沒有讀書時的渾沌迷茫。有回暑假作業，老師要同學帶料理作品到學校，第一次下廚的大媛，決定越級打怪，直接挑戰難度頗高的「鳳尾明蝦」——那是我的招牌菜，由於工序繁複、裝飾細緻，平常不輕易上桌，專門拿來宴客。大媛窩在廚房，認真準備了一晚，不知哪來的耐心，每一個步驟都要做到細膩完美，老師看了成品，不敢相信出自小女生之手，又邀請她在學校教室親自示範一次。大媛跟我說時快樂極了，她的眼角、她的眉彎都在飛揚，我心裡偷偷嘆了口氣：唸英文理化時也這樣，該有多好啊？

書還是得讀的。夜裡的書房，母女對坐，我讀著節目的腳本，大媛則托著腮，有一搭沒一搭地翻著教科書。有時她離開，久久沒有回來，後來發現躲在廁所裡，推門出來時，額頭上還睡出了紅印子。有天夜裡，讀書讀著人又不見了，這會兒連廁所都沒人，我急得幾乎要報警，最後卻在保姆房中找到她。這是頭一回，讓我逮著偷睡覺的現行犯：她蜷臥在保姆床上，外套斜斜地披在身上；她睡得如此香甜，連平常總是緊蹙的眉頭，都無憂無慮地舒展開來……

「楊大媛！」我氣得發抖：「妳給我起來！」

大媛驚魂甫定地彈了起來，惺忪的睡眼迷茫地望著我。想到方才找不著人的焦急，想到女兒一路倒退的成績，我又氣又傷心，舉起手來連打了她幾下……

「好啦，不要打了……」大媛蜷在床角，輕輕啜泣了起來。

她從小乖巧，很少動用到體罰，我鼻頭一酸，默默離開房間，不想讓她看出我的不捨……

我們評估大媛錄取公立高中的勝算不大，決定讓她報考私立高中天主教四校聯招，大媛自己另外又報名了私立高職聯招。我知道她還是嚮往餐飲科，她也清楚我對念高中的堅持，母女倆便這麼各有算盤、心照不宣地僵持著。考高中前兩夜，賀伯颱風挾風帶雨登陸，我們守著新聞，緊盯走馬燈不斷更新停班、停課的最新訊息。當字幕跑出「四校高中聯招順延至……」時，母女間脆弱的和平，彷彿搖搖欲墜的危樓，禁不得輕輕一碰，三、兩下就崩塌了。

四校聯招順延一日，恰巧與緊接的高職聯招撞期。也就是說，大媛只能擇一應考了，而且，我們只剩一天的時間作決定。

窗外風雨瘋狂肆虐，屋內的風暴亦驚心動魄：大媛苦苦哀求我們讓她考高職，我則鐵了心不肯退讓。眼見大勢已去，大媛哭著摔上門，將自己關進房間，我咬牙別過頭，刻意不讓自己看見她的眼淚……

颱風張狂地離去，秋天安靜地走來，大媛「順利」考回聖心女中。在家中她的話少了，倒是很常找學校老師談心，這麼堅強的女孩，說著總是淚下。學業還是磕磕絆絆，高一唸完，就有兩科不及格。

「媽媽沒有要求妳拿多好的成績，」我想給她一些鼓勵：「只要妳認真讀書，好好準備補考，順利畢業，能考上大學就好！」

她靜靜聽著，沉默了半晌，終於鼓起勇氣，再次提出轉學高職的想法。她說了幾個學校名稱、有哪些科開出轉學名額、什麼時候報名考試，我訝異地聽著，原來她一直默默在收集這些資訊。

塵封一年的對話再度開啟，卻是火光四射、沒有新的交集，母女成天便這麼對峙著。有天，我趕著出門錄影，女兒又提起轉學考的事：

「明天轉學考報名截止，」她抱著最後一絲希望：「再不報，就來不及了……」

「妳專心準備學校的補考，不要再想轉學了，」我說：

「妳心思都沒有放在這裡，當然考不好啊！」

「我會去考補考，」大媛淡漠的表情，有一種哀莫大於心死的絕望：

「我再怎麼準備，也不會過的，就等著留級好了。」

心煩意亂地開著車、進攝影棚、討論腳本，女兒的眼神不斷在腦海浮現，一股莫名的空虛緊緊攫住我，怎麼也甩不開。好不容易熬到錄完影，當天一起進棚的作家陳艾妮，正在後台親暱地講電話，她的眼神帶著笑意，連聲音都甜滋滋的……

「艾妮，和誰講電話呀？」我好奇地問她：「這麼甜蜜？」

「我兒子啊，」

「你兒子多大啦？」我看看錶：「現在不是應該正在上課嗎？」

「他念高職，現在已經下課啦。」

我大吃一驚：「妳這個台大高材生，怎麼會讓兒子去念高職？」

「念高職有什麼不好？」艾妮爽朗地笑了：「孩子快樂最重要啊！」

累積許久的壓力瞬間潰堤，彷彿溺水的人突然抓到浮木，我拉著艾妮說了大媛的事：

她的眼淚、我的不捨、這幾年母女的僵持與拉扯……

「侯麗芳，我必須說，這事情是妳不對，」艾妮率直地說：「孩子有自己的人生，妳要放手讓她飛翔。」「尤其孩子心中已有她所鍾愛，就讓她去飛吧，她會遠比妳想像的更強韌……」

彷彿當頭棒喝，我感到腦門轟轟作響，陳艾妮還繼續說著什麼，但我已聽不清楚……匆匆感謝了艾妮，我拎著包包、狂奔上車，多希望車子能箭一般飛越壅塞的台北城，直接回到女兒身邊。深怕自己會反悔，我一路踩著油門，希望能再開快一點，這樣，才來得及在反悔前告訴女兒：媽媽好抱歉，無論妳想去哪裡，我都會支持妳……

「大媛，大媛，」打開家門，女兒紅著眼睛，困惑地望著我。

我迫不及待地說：「走，明天我帶妳去報名轉學考……」

趕在截止前，我們報名了高職的轉學考，考期就在緊迫的隔天。臨陣還是得磨磨槍，陪著女兒到書店，拎回一本厚厚的《餐飲概論》，我暗暗感到不妙，這孩子每次讀書就雙眼迷茫，我幾乎可預見她睡倒在書前的模樣——出乎意料的是，當晚大媛不眠不休、抱著書安靜地讀，我暗自訝異，這樣的女兒，是我從未見過的模樣。

一個月後，稻江護家來電：大媛錄取了，是她夢想的餐飲管理科！

電梯門才打開，濃郁的奶油香撲面而來。我皺了皺眉頭，推開家門，廚房果然燈火通明：

「大媛，妳今天又做蛋糕呀？」

轉讀高職後，大媛整個人活了起來：她開心地上學、到餐飲店打工、有空就在廚房做料理，連課本都讀得津津有味。事實上，從轉學開始，她的成績一直都保持在前三名。逃到廁所偷睡覺的憂鬱女孩不見了，廚房卻多了她專注忙碌的身影。大媛尤其著迷烘焙，西點、蛋糕、餅乾都愛做，而我天生怕奶油、乳酪的氣味，每每捏著鼻子看她露出久違的笑容，感覺一種新奇的幸福。

仔細想想，這應該算是家學淵源。我父親即擅烹飪，家裡有客人時，只見他小小的個頭在鍋盆籠具間穿梭，晃噹晃噹各式聲響中，一道道菜餚精準上桌，火候配方絲毫不馬虎。這習慣帶到我身上，我自小料理神經敏銳，外頭嚐了一道菜，就可精準抓到工序和作法。先生常邀朋友來家中聚會，滿桌筵席對我來說並非難事，我在廚房火力全開：蒸、煮、炸、炒、燉、烤、涼拌同時進行，還趕得及在賓客造訪前，換下廚娘的服裝，以女主人之姿優雅現身。賓客離開後，楊和我還會對當晚菜餚逐一討論，思考食材和料理工序，是否還有調整空間。

總之，講到吃，我們全家莫不展現「超越自我、追求卓越」的精神——這方面，女兒顯然得到我的真傳。

對大媛來說，我的藝人身分，顯然是她亟欲擺脫的困擾。從小她就低調，不喜歡引人注目，「侯麗芳的女兒」卻是她如影隨形的標籤，到哪兒都有人指指點點。好不容易換新環境，女兒嚴肅地和我們約法三章：媽媽不可以來學校，連爸爸也不可以——大概是怕楊說溜了嘴。老師看到她的家長資料，好奇跑來問她：

「妳媽媽是電視上那個侯麗芳？」

她機伶地想了想，鎮定地說：「我媽媽是做直銷的。」

之後，還是被老師察覺，她說：「噓！請老師保密。」

換到新學校後，有天大媛神祕兮兮地問我：

「媽，妳明天幹嘛？」

「沒事啊，我明天在家。」

「妳……妳明天去打牌好不好？」

「幹嘛？」

「明天，我想邀同學來家裡，」大媛囁嚅地說：「妳……可以出去玩嗎？」

我明白她的個性，心裡卻不是滋味：「那，家裡那麼多我的照片怎麼辦？」

大媛慧黠地說：「我會統統收起來！」

有陣子，大媛在麥當勞打工。某天晚上我們臨時有行程，繞到麥當勞拿家裡鑰匙給她。

當我出現在大媛的結帳櫃台前，她不可置信地望著我，一雙眼睛瞪得又圓又大，懊惱地壓低聲音：「妳來幹嘛?!」

我心中一陣委屈，也壓低了聲音：「我讓妳很丟臉嗎？」

其他店員圍了過來：

「誰呀？」「大媛，是妳媽？」「穿的好時髦耶！」「妳媽?妳媽是侯麗芳！」

祕密被揭穿了，大媛窘得滿臉通紅，氣鼓鼓地說：「我們家菲傭啦！」

大媛以優異的成績畢業，家庭會議討論後，決定讓她追夢，到美國繼續攻讀餐飲。我們陪著她赴美，先安排到密西根SVSU大學學語言，確認生活都安頓好，才滿心牽掛地返台。大媛送我們到機場時，沉穩一如以往，淡定自若地說：「掰掰囉。」和上幼稚園那天一樣，沒有任何離開母親的不安與焦躁——也許離開台灣，她才終於能卸下「侯麗芳女兒」的標籤，自由而完整地做自己了——倒是我和兒子大慶捨不得她，上飛機了，母子倆還哭到楊都安慰不下來。

幾年後，大慶也赴美求學，大媛扛起照顧弟弟的責任，成熟的像個小媽媽，我和楊則開始空中飛人的生活，兩、三個月就輪著飛美國一趟。在美國，我的身分是「神祕的楊媽媽」：姊弟倆平常把我們的相片收起來，我和楊飛機抵達前，才趕快把相片掛回去。有次我們外出，經過一家中式餐廳，兩人提議下車買外帶餐盒，要我在車上稍等一下。

「外帶回家，菜都涼了，」身為一個專業的廚娘，我對菜餚的溫度可是非常介意的，「為什麼不在餐廳吃呢？」

弟弟沒說話，看了看姊姊。

「那個餐廳的老闆娘，是台灣來的，我們進餐廳，她一定認得妳的啦，」

姊姊嘗試讓我瞭解嚴重性：

「她一認出妳來，明天全洛杉磯都知道，我們是侯麗芳的小孩了！」

大媛的畢業典禮，終於大方邀請我們出席。我請定居美國的姊姊陪同，當面向系上的教授道謝。美國教授知道我的身分後，驚喜地拉著我說話，姊姊翻譯給我聽：

「老師說，Diana 非常優秀啊，她上課反應好快，舉一就能反三，又非常努力。老師希望她畢業後，能留在學校當助教……」

我們和其他家長一起坐在台下，看著女兒上台，看她戴上漂亮的方帽子，完成撥穗儀式。

心頭一股震動：那是多年來，我不曾再想過的方帽子之夢。

突然覺得冰雪聰明如她，一開始就都懂得了，只是等待了許多年，才萬水千山地將我帶來這裡。

大媛在學校當了一年助教後，陸續在台北、上海的餐飲界擔任管理工作，最後回到台北，開了一家食飲，終於回歸她最愛的廚房。小小的店面，陸續搬進烤箱、廚具、咖啡機，整面黑板牆上可愛的塗鴉，是她的風格，菜單上的每一道創意料理，則是她努力多年的積累。她用夢想妝點，將小店一點一點布置了起來。

每天，小食飲在巷弄中撚亮溫暖的燈，烹煮著咖啡香，歡迎每一位尋味而來的客人。她把食客當朋友，慎重地選用上好食材，快樂地把料理和大家分享。幾次我們擔心損益能否打平，認真和她溝通，卻硬生生碰了釘子：

「你們知道那些高中生，要存多久的零用錢，才能開開心心來這裡吃一份套餐嗎？」她用柔柔的聲音頑固地抵抗：「我如果漲價，他們怎麼辦？」

我想起當年舞蹈教室裡，那怎麼也不情願多跳兩下的小胖妞，她始終沒有照著我的想望，成為另一個我，血液中卻澎湃著自父親至我一脈相傳，總舖師的ＤＮＡ，驅動我們把食物最美好的狀態，呈現在桌前，讓每個踏門而來的空虛味蕾，都得到了幸福的滿足。

從父親的烙餅、肉臊子、香酥鴨，我的砂鍋魚頭、涼拌三絲、獅子頭，一直到大媛的咖哩燜牛肉、西式鬆餅、紅酒燉洋梨……不同的年代，風情迥異的料理，始終不變的是食客盈足的笑容，而這也是身為總舖師的我們，最幸福的時刻。

原來啊，我們一直如此相像。

女人要有錢！

「弟弟啊，你才十幾歲耶，怎麼把自己搞得像社會人士啊？」

我覺得他未免也太積極了⋯

「我們送你去美國，是去讀書，不是去賺錢的耶⋯⋯」

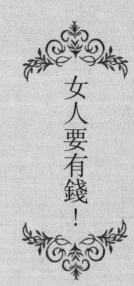

我是典型的金牛座，生活上很節省、享受工作、熱愛賺錢。第一次體會到賺錢的樂趣，是大二到郵局打工，這是人生中頭一回，我的存摺裡，出現了自給自足的收入，也不再需要家裡支援。生活裡自此多了一個巨大樂趣——「存摺鑑賞」：每個月發薪日，坐在床上高高舉起存摺，看見裡頭的數字一路節節高升，簡直聽到錢幣鈔票爭先恐後滾進門的聲音——我樂得眉開眼笑，賺錢的滋味，真是太美妙了！

從小家裡環境辛苦，我強烈的賺錢意識，多少也和渴望改善家裡環境有關。進華視時，台灣房地產正起飛，我主持的節目《黃金屋》，專門介紹台灣各地的房地產資訊，耳濡目染的薰陶下，也練就了我對房地產精準的眼光和直覺。

買房地產首重地點：存到第一桶金後，滿懷期待地挑選第一個自己的「家」，我將《黃金屋》學來的觀念現學現賣，挑選生活機能便利、交通方便的永吉路，直到和楊結婚，我們在林口街買下兩戶對門公寓，才將永吉路的房子轉手售出。這是第一次買賣房地產獲利，也開啟了我投資房地產的理財之路。

我喜歡邊開車、邊欣賞路邊的房子，這和男人邊開車、邊欣賞人行道上的熱褲辣妹，是一樣的道理：男人偶爾看見極品辣妹、意亂情迷跳下車搭訕；我也曾遇見極品辣妹等級的美屋，一見鍾情下當場下訂——這難以解釋的第六感，也許可以稱為「眼緣」。挑選地點是理性，眼緣對了是感性，我的實戰經驗中：感性與理性兼具的投資，常有超乎原本想像的美好報酬。

有回行經逸仙路，一個建蓋中的大廈「翠亨村」瞬間吸住了我的眼睛：她鄰近國父紀念館，交通便利，腹地優美，大廳中庭有中式的迴廊，小橋流水的設計美得令人讚嘆，意亂情迷之下，我向代售小姐詢了價：

「侯小姐，你要這兩戶單位，加起來一千兩百九十萬。」

當時是一九八三年，我們在林口街的兩戶公寓，加起來才兩百多萬，代售小姐一語瞬間把我嚇醒。

我嘗試冷靜下來，整個建案內外繞了繞，走走看看後，還是為之傾慕不已。心虛地付了一萬元訂金，我連忙開車回家，沿途踩著油門，都像踩在棉花團上。

「我幹了一件大事，」把爸媽和楊都召集到客廳後，我鄭重宣布：

「我訂了兩戶房子，一共是一千兩百九十萬。」

老爸低頭扳起手指，算算總共幾位數字，楊的表情則是驚嚇後的呆若木雞，我向他們說明環境多好、房子多美，哎呀大不了隔天去退訂嘛，訂金拿回來就是了。隔天一早，家人們戒慎恐懼地出現在代銷中心，這房子的極品魅力讓大家瞬間安靜了。一夜沒睡好的楊說：「我們來做財務計畫吧。」

我們的財務償款計畫詳實而周密：把現居的房子賣掉、另覓租屋、賣金條、標會、生活花費如何降低、收入要如何增加……每一個項目，都定了明確的時間表。為了這「極品辣妹等級美屋」，我們卯起來拚命，楊更頻繁地出差談生意，我也開始接秀：餐廳秀、工地秀，台灣北中南跑，有正當賺錢的機會我都去。

竣工後，我們歡喜喬遷，才發現我的眼光實在優秀：「翠亨村」被評選為台北十大豪宅，社區停車場彷彿頂級名車大賞，左鄰右舍全是名聲響亮的大人物、董事長，只有我和楊兩個白手起家的年輕人，傻呼呼地闖了進來。停車場中，我的裕隆和楊的福特相伴，氣定神閒地停在名車陣中，人小志氣高，一種不卑不亢的姿態。

「侯小姐，妳田宅宮很好咧，」曾經有位紫微斗數老師幫我看命盤：「買房子賺很大喔！」我沒研究過命盤，屢次換屋倒是獲利頗豐：永吉路的房子出售後，林口街的房子也獲利，我們開始用投資的眼光評估房地產物件，在上海、高雄、美國等地陸續置產，平時可收租金，地段好的物件可以等待增值。多年來，我陸續經手好幾次的房地產買賣，幾乎全數獲利；幾年前遷居，售出「翠亨村」一戶時，更是大幅增值。

楊做的是貿易，對於投資理財廣有涉獵，我則對買房子情有獨鍾。我們在餐桌上聊石油危機、金融市場、商場生意經，全家出遊時討論剛剛經過的社區、建案——投資理財在我們生活中，一直是很自然的一部分。大約是從小耳濡目染，兒子對於「賺錢」，有著根深柢固的快樂意識，幼稚園時問他長大的志向，大慶開心地說：「我以後要坐在沙發上，翹著腳數錢」，把一票長輩驚得東倒西歪。

大慶小時便看出勤快貼心。有回我在家裡打小麻將，胡牌後興奮嚷嚷想吃點心，大家一陣說笑後繼續方城之戰，依稀聽到廚房有聲響，沒多久大慶端出四盤煎蛋餅，金黃香脆、細緻地捲起來淋上醬酒膏擺盤，惹得牌友們歡喜驚呼連連。那年他才小一，端著煎蛋餅走出來時，才和麻將桌差不多高。大慶愛錢這點，倒與我如出一轍，有回午餐為他帶了小籠包，大慶賣了其中一顆給同學，人生第一次做生意，獲利是一枚銅板。小籠包是他的最愛，大慶向來一口都不讓，為了賺錢卻可忍痛割愛，犧牲可謂不小，足見其強烈的賺錢意識。

我和楊沒有刻意培養孩子的金錢觀，工作、家庭已經讓我們分身乏術，而生活中，永遠都有更十萬火急的事情。

兒子從小調皮搗蛋，客廳魚缸好幾次被他玩得滿地找魚，自此家裡添購了藤條，專治調皮蟲。自己家裡雞飛狗跳也罷，最怕是在外頭淘氣闖禍，常讓我們硬著頭皮四處道歉。有回過年，整棟大樓喜氣洋洋地布置了金桔盆栽，經過大廳時，我們和警衛愉快地打招呼，稍沒注意，只見大慶的衣服口袋、小手全抓滿金桔，把社區大廳當成觀光果園，幾盆金桔全禿了頭！還有回保姆帶大慶上市場，經過豆腐攤，小傢伙發現豆腐一戳便是一個洞，頓時玩興大發，上層所有豆腐全給戳了洞，保姆驚嚇之餘不斷道歉，最後只得把整盤豆腐全買回家……

對於教育孩子，我和先生向來有共識：所有規矩談好後，賞罰必須分明、貫徹到底。大慶頑皮過頭，處罰自然少不了，先生請大慶取藤條來，手起藤落，咻咻作響，每回都聽得我心驚肉跳。我明白教養孩子這事，夫妻步調必須一致，誰都不許心軟退讓，所以即便心疼，也只是退回房內。直到外頭平靜了，楊才敲敲門進來：

「剛剛處罰，他心裡應該難受，等一下換妳去，多安慰安慰他。」

我們就這麼攻守交替，黑臉、白臉輪番上陣，是一對默契還不錯的搭檔。

有回我還沒進家門，正摸索著鑰匙，大媛、大慶爭吵的聲音，已經迫不及待地竄出門外，開門時，姊弟倆正在搶一包蘇打餅乾，連保姆都勸不下來。

「你們兩個給我面對面，眼睛看著彼此，」我奪下餅乾，命令姊弟倆：「現在開始吵。來，開始吧。」

姊弟臉上都掛著餅乾屑，倆人大眼瞪著小眼，瞪著瞪著，突然噗嗤一聲，兩人同時笑了出來……

保姆納悶地說：

「侯小姐，我真的沒讓他們餓著啊，我也不知道他們怎麼那麼好胃口……」

為了養成良好的飲食習慣，我和楊訂了規矩：正餐吃完才能離桌。一開始姊弟倆耐不住玩興，吃到一半想下桌，耍賴地望著我們。

楊：「吃不下啦？」

兩人點點頭。

「去玩可以，不過離開桌子，就不准回來囉，」楊和孩子們溝通：「然後下午也不能吃點心，一直到晚餐前，都不能吃東西，這樣可以嗎？」

姊弟倆興奮地點點頭。

我順勢扮白臉：「好吧，爸爸這麼說，那你們去玩吧。」

兩個小傢伙開心極了，蹦蹦跳跳地下桌玩去了。

一會兒，姊弟倆玩累肚子餓，這才發現飯菜全收了起來、零食也不准吃，只能向媽媽討饒。

「現在才兩點，」我放下手中的錄影腳本，淡定地說：「到晚餐才能再吃東西唷。」

先生溫和地補充：「中午有說了，正餐沒吃完，連點心都不准吃，記得嗎？」

幾次下來，姊弟倆發現撒嬌耍賴都沒用，爸媽不僅一鼻孔出氣，訂下的規矩也沒有絲毫妥協空間，鐵石心腸的很，自此習慣便矯正過來，不曾再犯。

姊弟倆個性不同，倒是同樣愛吃、愛料理，大慶赴美唸書時，最大的擔憂就是「找不到好吃的」，於是行李箱裝了一整套阿基師的食譜，足見其未雨綢繆。我們在學校附近買下房子，念大學的大媛扛下照顧弟弟的任務，沉穩的像個小媽媽。只有偶爾姊弟倆吵架，打越洋電話來告狀時，才讓人猛然想起，其實她還是個青春年華的大女孩。

大媛：「媽媽，弟弟都不洗碗！」

大慶：「哪有？」

姊弟倆平時謹慎節用，趁著課餘打工賺錢，遇到較大的花費，便和我們商量。關於學習的花費，我和楊絕對支持，有回大媛想報名烘焙裱花裝飾的課程，自己不捨得花學費，差點打了退堂鼓，我們鼓勵後，她才終於報了名並考得四張證照。大慶十六歲時取得駕照，談到想買車，我和楊請他擬一份財務支付計畫，藉機讓他學習收入與開支的控制。

大慶敏銳的賺錢意識，自此像被魔法棒輕輕喚醒，每一個細胞都蓬勃地運轉，每一秒都在思考各種賺錢的門路。

他數學成績優異，一開始是私人家教班請他當小老師，輔導數學程度落後的墨西哥學生，我們自然樂見其成。課餘時間也不浪費，有空就到花店送花、在餐飲店打工，忙得神龍見首不見尾。我們以為最多就這樣了，沒想到，這還只是個起頭……

有回他打越洋電話來，和我們討論新的賺錢計畫——把家裡的房間分租出去：泳池邊的休憩間，可整修為獨立套房，再加上家裡的兩間空房，每個月可以多三個房間的租金收入；順利出租後，大約幾個月，就可將裝修費回本……他的財務規劃做的完整詳實，我們聽得新鮮，索性放手讓他進行。幾個月後，每個月開始有穩定的租金收入進帳，這小子果然說到做到，步步實現當初的財務規劃。

隔陣子又打電話來討論銀行存款，大慶耐心地解釋：與其放在活存帳戶，不如加入優惠期間的銀行定存，優惠期到了，另一家銀行又推出新優惠，再將存款挪過去，如此不斷變動銀行，就可以一直拿到「市場上最優惠的定存利率」，這樣算下來，一年可以增加多少金額的利息收入……

「弟弟，你這樣把錢搬來搬去，會不會搬到不見啦？」我聽得眼冒金星，擔憂地說。

「不會啦，我都評估好了。」大慶自信地說。

後來他和銀行人員熟了，主動去應徵銀行工讀生的工作，課餘時間更是忙得找不到人。

「弟弟啊，你才十幾歲耶，怎麼把自己搞得像社會人士啊？」

我覺得他未免也太積極了：「我們送你去美國，是去讀書，不是去賺錢的耶……」

一開始只當是小孩子愛賺錢，也就由著他去。直到有天他打越洋電話來：那天午休，歹徒衝進銀行，拿槍抵住他的頭部，我那老實巴搭的兒子嚇壞了，照著銀行的搶劫應變SOP，乖乖將櫃台的現金全交給搶匪……我的困惑和憂心終於爆發，命令他立刻把工作辭了。那天晚上，大慶被歹徒持槍抵住的畫面不斷在我腦海重現，我和楊輾轉反側、徹夜無眠。

過了一陣子，大慶又鼓起勇氣和我商量，想到另一家更有規模的銀行打工。他一再向我保證那裡環境更安全，我也才漸漸意識到，他對財務金融的強烈興趣。我們以不影響課業和安全為條件，同意他回銀行打工，重返銀行的大慶，更快速地吸收金融知識。他從小貼心，習慣為別人設想，工作上總是站在客戶的角度，量身打造各種理財方案，因為服務貼心又周到，業績因此突飛猛進。在公司的忘年會中，他以工讀生的身分，拿下當晚大部分的獎項，整個晚上只見一個高大個兒台上台下奔走，銀行總裁打趣說：「Steven 你就別下台了，反正拿獎的都是你！」

畢業前夕，公司為了留住人才，開出了極優的正職員工聘僱條件，大慶自此正式投身金融界。漸漸融入美國生活後，有時打越洋電話回來，和我討論幾道拿手菜的食材和作法，他最愛我做的涼拌三絲、紅燒獅子頭、醃篤鮮湯等菜，每一道莫不是工序繁複；我細細說明，電話那頭他聽得專心，我猜是他想家了，打算在幾千哩遠外的城市，複製我在台北的廚房。

去年冬季，婆婆以高齡九十九歲享壽。大慶返台參加告別式，順便與我赴上海處理一筆金融存款，我將一切決定託付予他，知道再不需要擔心。回美前，大慶每天賦在我床上，一個高大個兒卡在我和楊中間，就等我洗澡出來，要我幫他抓背。我們在床上抓背、說笑，有時也聊聊他在金融業的工作。

只有在此時，我才強烈地感覺到，他已不再是那個調皮搗蛋的小兒子。這幾年，大慶陸續為我們以及親友，規劃了更多元的理財方案：從基金、保險、定存、房地產、債券，到銀髮醫療與生活費的規劃，他專業又貼心，透過他的規劃，我們陸續獲得穩定的投資報酬，也讓我們的退休財務規劃更完整、更安心。

我們從小和他分享理財觀念、凡事作財務規劃，原只希望小樹枝端正，數年後回望，卻意外長成一片豐茂的小樹林，此時正昂揚著嫩綠的枝椏，溫柔地為我們遮風避蔭……

下輩子，你願意娶我嗎？

他微笑著，那笑容如此熟悉，
在我們經歷的無數故事中，無論悲傷還是喜悅，
他總會給我這個溫暖的微笑；
於是我感到安心，知道他始終都在，
而我需要的只是安穩停泊，再沒有擔驚與畏懼……

結婚後，楊的事業逐步擴張，有時開車到南部拜訪客戶，有時搭軍機到外島談生意，好不容易才見著面，隔幾天提著行李又匆匆飛歐洲去了——如果太空梭有賣坐位，我懷疑他連火星的生意都想做。家裡三天兩頭沒男主人，母親當年恐嚇成分居多的「生意人會讓妳獨守空閨」，這下果然說中了幾分。

我在演藝圈，他是生意人，兩人都在風花雪月、金錢慾望橫流的環境中走跳，剛結婚時，彼此都充滿不安全感。尤其我是個醋罈子，有尺寸的話，肯定是家庭號的那種，他的工作卻每天接觸不同的人：客戶、廠商、媒體……尤其幾個年輕漂亮的小記者老圍著他轉，「楊大哥」長、「楊大哥」短，看得我直冒火。年輕時脾氣烈，有回半夜作夢，夢見楊和一陌生女孩約會，說說笑笑還偎著頭說話，我從夢中氣到醒來，看見身邊的楊睡得天真無邪，滿肚子火正愁沒處發，狠狠便朝他踢了一腳……

「哎唷喂呀！」他勉強睜開惺忪的睡眼，困惑地望著火冒三丈的我……

為了安撫我的不安，每回到外地，行李才擱下，楊就會打電話回家，細心交代飯店、房號，每天的行程都清清楚楚。有回他和一位外國女客戶合照，兩個人貼臉禮貌性擁抱，差點被我罵得剝掉一層皮。楊總是一臉無辜，生意還是得做的，去哪兒照樣老老實實交代，飯局結束就回飯店，應酬裡如果出現「脂粉味」，他還會找藉口開溜。有回在國外，客戶約他上夜店：「沒關係嘛，楊太太不在，一起來玩嘛，」楊笑嘻嘻地把手放在胸口：「我太太在我心裡。」

「楊大哥到底有沒有毛病呀？」長期與他合作的廠商小翁，有回故意揶揄他，明明是去談生意，他卻規矩的好像去參加佛學體驗營。

後來我才慢慢發現，某些角度來說，我們實在是很相像的人：我們身處的環境都充滿誘惑，卻都用自己的方式，頑固地堅守最底限的單純。

我不喜歡演藝圈生張熟魏的飯局，楊也不愛應酬，但做生意就避不開了。一般生意人應酬，飯局後節目才登場：喝酒、夜唱、跳舞，再弄來一些胭脂紅粉，非得玩到大半夜不肯罷休。楊不來這套，他安排應酬，訂了飯局就是飯局，沒有後面花花草草的延長賽；他還喜歡帶我應酬，也邀請賓客的夫人出席，太太們想看電視明星，都會盛裝打扮，開開心心來赴約。男人們的風花雪月沒了，卻多了家庭式的溫馨笑語，的確是楊一向的風格。

楊帶我應酬還有一個任務：讓我講笑話。開始氣氛較拘謹時，女主人講兩個笑話，餐桌上的氣氛馬上就熱鬧了——實驗過許多回，尤以黃色笑話效果最優。為了善盡女主人的職責，我更是自我鞭策、努力精進，四處收集黃色笑話，勤做筆記；自此功力突飛猛進，每次都逗得滿桌賓客大樂，「黃太后」威名不脛而走。

ꕤ

婆婆燒了一手出色的江浙菜，不只楊愛吃，連我都被江浙菜的風味給迷住了，每次回婆家，總是跟在婆婆身邊，因此學了不少拿手菜。當我回到家中，將冒著熱氣的醃篤鮮、烤麩、鮝烤肉等菜端上桌時，楊的眼神總會浮現「娶得嬌妻如此，夫復何求」的幸福——河東獅子偶爾化身賢妻，靠的全是一手道地的江浙菜。

拿手菜給我學了去後，每年過年的年夜飯，便交棒由我掌廚，一大家子要做上十二道菜、煨一鍋湯，常常趕著錄完過年特別節目後，還得騰出整整兩天，穿梭鍋碗爐灶間當廚娘。所有家務事中，做菜實在是特別有幸福感的一樁，尤其我擁有的是一群非常可愛的食客，總是熱情回饋客戶意見。有次在家做好了菜，我們開車送到婆家，回到家時，婆婆在電話答錄機裡留了言：

「麗芳啊，妳這次做的蔥烤鯽魚，做得很好，味道很棒，謝謝妳，我給妳一百分！」

我簡直可以看到婆婆在電話前，比起大拇指說讚的模樣。

婆婆是個非常窩心的長輩，總不吝於給予身邊的人熱烈的讚美；不同於許多華人社會的公婆，她尊重晚輩、也不曾將人生束縛在子女身上。公公離開後，我們曾想接婆婆同住，她思考後，覺得應給年輕人完整的空間，也希望擁有自己的生活，於是婉謝了我們的心意。

婚後，幾乎每天打電話和公婆聊天、每個週日回去，總是努力想為他們付出什麼，身為一個媳婦，我始終明白自己何等幸運。

宛如現代模範婆媳的我們，還是發生過牙齒咬到舌頭的擦邊火花。兒子大慶剛出生時，有回婆婆逗著大慶：

「哎唷，大慶長得像誰呢？奶奶來看看……」婆婆一邊逗著、一邊認真看著孫子：

「你不像媽媽，也不像爸爸，咦，你誰也不像哩？」

一開始我不以為意，然而這樣的對話來幾次後，心裡的委屈便如施了魔法的豌豆，迅速向天空竄生。若是母女，吵吵便說開了，我卻固守著好媳婦的框架，一逕壓抑著心中的委屈……

有回全家出遊時，前座的婆婆轉頭逗孫子，大慶嘰嘰咕咕笑了起來，氣氛正融洽時，婆婆隨口又說了：

「欸，你們看大慶像誰？我看他不像爸爸，也不像媽媽，誰都不像哩？」

當天一起出遊的母親，納悶地望了我一眼，我心裡不是滋味，冷著聲音頂一句：「對，石頭縫裡蹦出來的。」

婆婆沒聽出我的不愉快，笑嘻嘻地說：「親家母，妳看妳女兒，講話多厲害啊！」

我們努力了許多年，千辛萬苦才懷上這個孩子呀！越想越是難受，憋了許久的委屈，終於在晚上回家後爆發：

「你跟你媽講一聲，不要再說大慶誰都不像這種話了！」我忍不住對楊大吼：「這句話很傷人，她不知道嗎？」

楊嚇了一跳：「哎呀，她不是那意思，妳認真啊？」

晚餐喝了點酒的他，茫茫地說：「妳不要理她就好了。」

「別人聽了會怎麼想？」我又傷心又生氣，開始飆出重話：

「她意思是，我在外面偷人了嗎？」

向來孝順的楊也生氣了，把換洗衣物往床上一摔：「妳那麼凶幹嘛？」

這是唯一一次楊對我大聲說話，我訝異地望著他，一整天的委屈終於潰堤，忍不住拿起電話撥給婆婆：

「哎呀，我不知道這讓妳不開心，」婆婆既訝異又抱歉：

「人家不是說嘛，養兒多像舅，我意思是，大慶很像舅舅啦！」

「妳說的不是那樣啦，」我傷心地哭著：「別人聽了一定會誤會的呀……」

因為固守「聽話好媳婦」的傳統框架，失去了第一時間溝通的勇氣，結果卻演變成我和楊之間，很珍貴的、唯一一次的大爭吵。冷戰了幾天，有天下午錄影回家，楊竟然沒有上班，和兒子抱在一起睡覺。我搖搖他，他小聲地說：大慶感冒了，保姆也發燒回家，他沒敢打擾我。接過兒子，我催促他回去上班，他望著我們許久，才依依不捨地離開。

「欸，」我又喊他：「幫我倒杯水來好嗎？」

「好！」他的聲音，簡直是神采飛揚：「老婆說的，哪有什麼不好呀？」

戀愛時，我們準備一個信封，兩人一領薪水就塞錢進去，當作約會基金；這習慣帶到婚後，不只是家用基金，連存摺、印章也全擺一塊兒。我善理財，結婚數十年日日記帳，至今不變，一來掌握家庭支出，二來也是記錄生活。相對我的務實，楊倒是生性浪漫，每年都會精心準備我們的各種紀念日。

「財務完全透明」的副作用，就是楊每次偷偷準備的計畫，很容易就被識破。儘管如此，心思靈巧如他，還是常有祕密進行、最後突圍而出之舉。

有一次，僑委會邀請藝人到美國宣慰僑胞，一天的表演結束後，回到飯店房間，桌上赫然出現一個巨大的漂亮紙盒，美黛忍不住驚呼：「一定不是我的！」紙盒浪漫的粉紅絲帶，細緻地結成層層蝴蝶結，羞答答地等待我來揭曉謎底……

我們迫不及待地打開盒子，是一束香檳色玫瑰，錯落點綴著滿天心與俏皮的卡斯比亞，花束中綴著一紙卡片：「二十週年快樂。」

這鬼靈精，跨海也能送花來！我驚喜萬分，顧不得到大廳打公用電話，馬上請飯店幫我接線回台灣。

電話那頭，楊笑著跟我解釋花朵數量的意義；美國這邊，我追問他花了多少錢，哀嘆著好貴好貴唷，並認真告訴他少了四朵，四朵花的錢一定要跟花店討回來……

他一直是這麼浪漫的男人，而我一直是這麼務實的女子。這個奇妙而和諧的組合，不知不覺地，竟也相伴了二十年。

隔天早晨，大夥羨慕地揶揄著我：老公很浪漫喔，結婚週年還會特別紀念耶！

其實那一天，不是結婚紀念日，而是我們相識二十週年。

二十年前，我婉謝了許多富商名流的追求，卻在那個颱風天，讓他用五十個銅板，輕易地給追走了……

有回到歐洲宣慰僑胞，陸續在英國、法國、荷蘭等十個國家演出，同時間楊在德國洽談生意。荷蘭活動結束那天，快回飯店時，整車夥伴起鬨要我晚上教麻將，我胡鬧著擺架子：「晚上師傅要洗頭，今天不收徒弟啦。」大夥正嘻嘻哈哈地說笑，車前頭的領隊突然大聲驚呼，所有人順著她的方向往車窗外望……

是楊！

他站在酒店落地窗前，雙手插著口袋，微笑地等候著，路燈斜斜地投在他身上，他的笑容、他漂亮的花毛衣，都漾著一圈柔和的金光。他笑得很燦爛，專注地看著我們的車子緩緩靠近。這是他第一次對我隱瞞出差行程，我想像他偷偷訂了火車票，交代祕書不能告訴我；想像他騰出一天的時間，坐了七個小時的火車來；想像他在德國月台等火車時，是怎樣得意又喜悅的心情。

他微笑著，那笑容如此熟悉，在我們經歷的無數故事中，無論悲傷還是喜悅，他總會給我這樣溫暖的微笑。

於是我感到安心，知道他始終都在，而我需要的只是安穩停泊，再沒有擔驚與懼怕。

我在全車暴動的尖叫聲中奔下車，快樂驚喜地抱住他，我一直是那樣拘謹的人，但那一刻，我多願意奔放一次……

ഇ

父親過世後，母親失去了拌嘴的對象。也許感受了寂寞，住在對門的母親每日都來家裡：看電視、翻翻報紙，與我們一起晚餐後才回去。楊知道我婚前承諾照顧母親，從未對母親表現過任何不耐。有時餐桌上，母親批評著菜不好吃、餐具沒掛好、小孩用餐沒規矩、烹調方式不對……一輪猛攻的批評讓我忍不住想回嘴，楊馬上在餐桌下踢我的腳，對我使使眼色。

「在飯桌上，就別和媽媽辯，」母親離開後，楊總是耐著性子勸我：「媽媽說什麼，妳就答是嘛，事情就過啦。」

母親脾氣剛烈，與她朝夕相處壓力不小，意外的是：婚前被母親封鎖了七年的楊，婚後沒有和母親針鋒相對，反而經常化身安全氣囊，一旦偵測到衝撞即將發生，就會瞬間挺身而出。有時母親打電話來，才和我聊著，一個不順心又勃然大怒，氣呼呼地摔了電話衝過來——不一會兒，電鈴聲急促地響起：

「妳先到房間裡，」楊大器地說：「這是我家，我來處理。」

我在房內，聽到楊開了門，聽著母親憤怒地破口大罵，聽到楊溫溫地四兩撥著千金，奇妙的是：暴怒的母親，往往就這麼糊里糊塗地給安撫下來……

有天，和母親同住的外勞打電話來：

「太太，」外勞聽起來很緊張：「奶奶一直說，廁所裡有小貓小狗……」

陪母親到醫院檢查，醫師說是失智症，無法治癒，只能延緩退化的速度。我緊緊握住母親的手，卻不知能握住什麼，只知道從那天起，我們會逐漸失去母親的心智與記憶，直到她離開的那一天……

母親開始忘記吃飯、忘記上廁所、忘記越來越多事情。她的記憶一點一滴崩落，性情卻異常溫柔了起來，一輩子的剛硬尖銳，此時都柔軟了起來。身體卻煞不住車地凋零：手腳細瘦得令人心驚，衰老使她的皮膚脆弱，腿部、腳踝常常掉了塊皮，我看了心疼欲淚。

唯一就是喜歡外出曬太陽，有天推著母親去散步，她突然對我說：

「我這一生很滿足了，你們四個孩子，在不同的領域各有成就，」她心情似乎特別好，叨叨細數了起來：

「你大哥在航空公司當到副處長呢，小哥在調查局也當上了站長，姊姊在美國也是大學財務主管，更別說是妳……我真的很驕傲。」

母親甚少稱讚我們，失智後話更少了，我專心地聽，不捨得打斷她。

「我注意到，威孫的頭髮都白了，」她說：「你們倆真的辛苦了，要照顧婆婆家，要照顧我，兒女又在美國，」

我蹲下來，靜靜望著母親，那天她的眼神很清澈，如同孩子一般。

「麗芳，威孫會不會生我的氣？」

「不會的，媽媽，」我說：「如果他生妳的氣，怎麼會讓妳一直在我們身邊呢？」

母親低頭想了想，溫柔地笑了：「還是威孫好。妳的選擇，是對的……」

母親生前最後兩年，逐漸失去語言能力，離開時養胖了些，臉色也紅潤了點，享壽九十三歲。告別式上，我為她挑選了一幀容貌溫柔的遺像，那是母親在我心中最後的形象——那個午後，陽光在她臉上勾勒出一彎溫柔的弧線，她低頭笑了，純真地像個孩子……

ꕤ

二〇〇五年春天，楊赴新加坡參加航空展。那天照例接到他的電話，卻不是報備平安：走在天橋上的時候，他的左腿突然失去了知覺。

楊向來報喜不報憂，任何事情總不捨得讓我多擔心，這次，我清楚地感覺到嚴重性。後面的行程顧不上了，我們迅速安排楊返台，在好友王崇文醫師處，做了仔細的檢查。醫生幫他注射了超強的止痛劑，我才知道他的身體正承受著巨大的痛楚。檢查報告出來，脊椎的椎間板因為長期壓迫磨損，如不盡快動手術，會有一輩子癱瘓的風險。

我們迅速安排長庚醫院的手術，手術進行了漫長的六、七個小時，可喜的是過程一切順利。大手術的照料不能馬虎，我為他物色了一位專業看護，沒想到楊平時天不怕地不怕，卻對女看護幫他擦澡這事驚嚇不已，守身如玉的他，隔天就自己扶著椅子到浴室盥洗，自此更是自立自強、努力復健。一個多月後，楊回到工作崗位，恢復的速度，連醫師都驚豔不已。

他一向如此，無論遇到什麼麻煩，總不捨得讓我多擔一點心、不願意讓我多蹙一次眉。就像是一個港灣，我只需將自己穩穩停靠，外面的風雨都將無所畏懼。

六年後，這個可愛的港灣又發出了維修通知。

例行性的檢查中，醫師推薦了新引進的 CT256 設備，可以看到極細緻的組織結構，用以發現早期的病灶，我和楊都願意體驗看看。

檢查報告出來，楊的肺部「長了不好的東西」。在醫師的建議下，我們很快安排了手術。

手術室外的等待，滋味可比走在刀刃上的蝸牛，每一步都如此緩慢而煎熬。可能失去他的恐懼，每分每秒細細啃囓著我，彷彿等待了一世紀之久，終於聽到護士的聲音：

「楊威孫家屬在嗎？」我倏地彈起來，奔向手術室門口。

醫師切掉了楊的左中肺葉，紅嫩嫩的，很健康的色澤，旁邊附著一塊不規則的組織，豔麗詭譎的鮮橙色，張牙舞爪地宣示他就是可惡的癌細胞。我看著眼前紅橘色的組織，鼻頭一酸，這楊，不知道又吃了多少苦頭。

手術後的檢驗報告出來，判定是第一期的肺腺癌，幸運地沒有擴散，暫不需要後續治療。這一回讓我驚魂甫定，我請醫師再往上檢查腦部。這一檢查不得了，腦殼裡果真藏了兩顆瘤，初步檢查後，萬幸是良性。楊才剛動癌症手術，這次我們決定不驚動朋友，低調地又安排了腦部手術。

楊剃了個大光頭，手術後，頭頂多出長長一道刀疤，新的技術不用縫線，而是用十幾個金屬環夾起來，乍看簡直是龐克黑幫老大，神氣的不得了。楊得意極了，每次去散步就蹲下來讓小朋友欣賞，小朋友莫不驚奇地哇哇大叫。

傷口癒合後，醫師拆下了金屬環；我們開心地告別龐克黑幫老大，迎接刀疤老楊回家。

這次，換我張開安穩的雙臂；這次，換我讓你依靠。

我們才剛到，公視的化妝間瞬間熱鬧了起來。梳化和執行製作圍在我身邊，討論待會錄影的流程、髮妝造型，另一位梳化助理正在楊的臉上做畫，描了一對大眉毛後，楊望著鏡子驚呼不認識自己了，大家趕忙連連稱帥。主持人李四端聽到一團熱鬧，知道是我們來了，繞過來打招呼，和楊在一旁聊了起來。

今天是公視《愛的萬物論》錄影，製作單位邀請我和楊，聊聊相伴幾十年的心路歷程。助理妃妃為了錄影談話的素材，先前已和我們討論了兩、三個禮拜，然而，當她告訴我們待會錄影會有「三分鐘凝望」的橋段時，我和楊還是驚呼連連：

「對看三分鐘？！」「都不能講話嗎？」「憋著不能笑？」「萬一笑出來怎麼辦？」「一分鐘不行嗎？」「天啊，太久了啦！」

攝影棚布置得宛若優雅的畫廊咖啡廳，很適合談話的氛圍。我們娓娓地傾訴，在回憶之河中悠然泅泳，拾綴著一路的記憶，驚喜地發現經過時光淬鍊，我們的故事成了一塊塊的瑰玉，在記憶中散放著溫潤的光暈。

「現在，我先離開，讓你們有三分鐘的時間，好好看一看彼此。」主持人說完，導播旋即調暗棚內的燈光。安靜的空氣中，我們靜靜凝視著對方，幾十年的畫面如拼接電影，在腦海中迅速閃逝而過。

初遇的颱風天，當年的我們，青春正盛；而今青絲已成白雪，回想初識那一瞥，卻是怦然依舊；母親的大力阻撓與我們的頑強對抗，七年的堅持，換來一生的相守；我們結婚、生子、建立了一個可愛的家庭。

直到近幾年，楊接連動了幾次大手術，幸運的我們，此刻仍能這樣怡然相伴。而我多盼望他健康平安，多盼望老天給我們更多、更多的時間……

百般滋味上心頭，我忍不住感性落淚，主持人悄悄遞給我一張面紙，我才發現一向調皮的楊，眼角也濕潤了。

「為什麼哭？」主持人問他。

「因為你把我老婆弄哭了。」他怕人家笑他娘，堅持不拿面紙。

主持人又問：「如果下輩子再來一次，妳還願意嫁給他嗎？」

「我當然願意，」我由衷地說。

「我不願意，」楊笑著說：「下輩子我要當女生，換麗芳娶我回家！」

我笑了，我也同意啊。下輩子，換我當你的港灣，讓你安穩停泊，如同這輩子你對我的守護一樣……

莫惜金縷衣

勸君莫惜金縷衣，勸君惜取少年時。
花開堪折直須折，莫待無花空折枝。

——杜秋娘〈金縷衣〉

今天的錄影通告是《女人要有錢》，主持人、工作人員、鑑定師正圍著我的旗袍嘖嘖稱奇：

「侯姐，妳還能穿嗎？」主持人吳淡如懷疑地說：「三十多年前的旗袍耶，不可能啦，妳一定穿不下的啦……」

「幾年前我還穿著主持晚會耶，」在淡如帶頭起鬨的氣氛下，我興致勃勃地說：「我試試看！」

我到更衣間，溫柔地展開旗袍，在鏡子前比了比。最近好像稍微胖些？這麼珍貴的藝術品啊，可別被我撐壞了——我小心翼翼地穿進旗袍，如同三十多年前，第一次穿上她的心情。

在母親終於答應我和楊的婚事後，好友林映明為了表達祝福，主動提出由他的夫人繡製湘繡旗袍，贈予我為婚禮禮服。我們感激不已，這位廖美雲女士，可是國寶級的刺繡師傅啊，她的作品細膩如精工藝術，更是政商名流熱衷的珍貴收藏[1]。這樣的繡工極耗費時間和眼力，美雲師傅便這麼就著燈光，細細密密地縫了三、四個月。

「我的視力繡這個很吃力了，」美雲師傅說：「都是緣分，繡完妳這件旗袍，我就封針了。」

拿到旗袍當天，我驚喜地撫觸上頭的刺繡花紋：湘繡的特色，是用細膩的繡工表達光影，於是每一片花瓣、每一片葉子，都用極細的繡線層層堆疊，呈現出一、二十種層次不同的顏色和光澤。

「哇……」穿著旗袍走出來時，大家忍不住驚呼：「超美的，還穿得下耶！」

主持人開槌：「來，請估價！」

「三十萬！」秦老闆說：「這種技藝已經失傳了，絕無僅有，所以特別珍貴……」

ஐ

「在我心中，她是無價的。」在家看節目播出時，我由衷地跟老公說。

「如果這種技藝已經失傳，以後就看不到這樣的作品了，」楊忽然問我：「我們把她捐出去，讓更多的人可以欣賞，妳覺得好不好？」

認真討論後，楊開始與可能收藏的單位接洽，台中科博館馬上表達強烈的收藏意願，一切程序迅速轉動了起來。那陣子，我常打開衣櫃看看旗袍，倒數著捐贈的日子：這麼多年來，只有我懂她的美，而未來，每年就有幾百萬人可以欣賞她、讚美她——也許，我想，也許她就不寂寞了。

為了鼓勵民間收藏者也能捐贈出珍藏，好友陳學聖幫我們安排捐贈記者會，希望能有拋磚引玉的效應。記者會當天，媒體朋友起鬨要我親自展示旗袍，換上後大家都稱美，我的眼睛卻一直潮潮的，心上難免捨不得：

「以後我女兒結婚時，可以把旗袍借出來，讓我穿著參加女兒的婚禮嗎？」我紅著鼻子問科博館館長。

「當然！」他笑著大方允諾了。

我們將旗袍送洗整理後，約了一天南下，親自將衣服送到台中。館長孫維新博士親自帶我們參觀科博館的設施：在溫度、濕度、光線都精準控制的收藏室內，所有的紡織品，都舒適地平躺在收藏紙上。館藏很豐富，有苗族、泰族服裝，還有台灣原住民的紡織藝術與服飾，而未來，我的旗袍即將加入他們的行列。

想到每回穿過旗袍，我必將她悉心送洗、保養，深怕蟲蛀或發霉了，而現在起，她將受到更細膩的照顧和呵護……何況，她還有許多新鄰居呢！

突然覺得，再沒有更好的決定了。我依偎著楊，寬心地笑了。

回程的路上，後座空盪盪的。我想到來時，旗袍裝在洗衣店的套子裡，搖搖晃晃地掛在後座，一路陪著我們到台中。

那是她還屬於我時最後的身影——我閉上眼睛，想像自己拿著繡線，將她的身影，層層疊疊、細細密密地繡在心頭，再也不要忘記……

1廖美雲女士為國寶級刺繡師傅，其作品除外銷歐美、政商名流熱衷收藏以外，更深為蔣宋美齡所喜愛。蔣宋美齡女士畢生熱愛旗袍，而她旗袍上華美精緻的刺繡，以及蔣中正大氅領口、日用衣鞋上的刺繡，幾乎都出自廖美雲女士之手。

將進酒

君不見黃河之水天上來，奔流到海不復回。
君不見高堂明鏡悲白髮，朝如青絲暮成雪。
人生得意須盡歡，莫使金樽空對月。
天生我材必有用，千金散盡還復來。
烹羊宰牛且為樂，會須一飲三百杯。
岑夫子，丹丘生，將進酒，杯莫停。
與君歌一曲，請君為我側耳聽。
鐘鼓饌玉不足貴，但願長醉不願醒。古來聖賢皆寂寞，惟有飲者留其名。
陳王昔時宴平樂，斗酒十千恣歡謔。主人何為言少錢，徑須沽取對君酌。
五花馬，千金裘，呼兒將出換美酒，與爾同銷萬古愁。

——李白〈將進酒〉

今天的義演在耕莘醫院。我們在後台梳妝，輕聲地說話。此時，坐在台前等待我們的，不是一群熱鬧喧嘩的觀眾：他們坐在輪椅上，有人四肢痙攣、有人身軀不自主地顫抖，有人無法清晰地說話，大部分的他們，是腦性麻痺的病患。

院方很貼心地準備許多小紅包，分給這群特別的觀眾，欣賞表演時，他們可將紅包交給喜歡的藝人，藉以刺激病患肢體的活動。

在這一場沒有熱情搖擺、連鼓掌都有點艱難的表演，只能透過他們扭曲的肢體、揚動的眉毛，感受他們的喜悅。有觀眾向我搖著手中的紅包，我唱著歌，緩緩走下舞台，握住他們冰涼卻熱情的手……

「侯小姐，」義工女孩叫住我：「爺爺哭了。」

一位坐在輪椅上的老先生，掛著眼淚，正對我微笑。老先生吃力地，在義工女孩耳邊說了一些什麼，女孩側身聽著，笑了起來：

「爺爺說，他從年輕的時候，就在電視上看妳，」

她甜笑著：「爺爺說，他真的好高興、好高興，他沒想到，有一天可以親眼看見妳……」

我蹲下來，握著他的手：「爺爺，你喜歡聽我唱歌嗎？」

老先生笑著點頭，他吃力地搖著手上的小紅包，想塞進我手中。

感到眼窩一陣潮熱，我彎下身，給老先生一個深深的擁抱。

☙

這幾年開始在慈善活動中表演，與大哥的離開有關。

我一直算不上會唱歌。年輕時出過一張唱片[1]：字正腔圓、中規中矩的唱腔，搭配當年最流行的民歌曲風，也算沾上了歌手的邊。畢竟是玩票性質，和偶爾跑去拍電影、演電視劇一樣，過過癮後還是得回攝影棚握主持棒。二〇〇六年秋天，大哥因心肌梗塞驟然離去，一切來得太突然，我毫無防備地被擊垮了。從小和大哥最親的我，那一陣子失去了快樂的能力，不能理解誰帶走了他，不能理解一個高大俊朗的好人，怎麼就從地球上消失了……

更艱難的是，要對病床前的母親，解釋大哥的缺席：

「媽媽，大哥臨時接到任務，去美國受訓了。」

母親很震驚：「怎麼沒來跟我道別？」

「他有來，妳在睡覺，我們叫不醒妳……大哥說不要打擾妳，就自己走了。」

隔一陣子，母親逐漸起疑：

「妳大哥，怎麼沒有打電話來？」

「大哥那邊，不能打電話。」

「怎麼連信也沒有？」

「大哥那邊，也不能寫信。」我強忍著眼淚，幾乎要崩潰。

我還是上節目，鏡頭前依然說笑，錄完影就趕回家，靜靜地發呆，回神時總是淚痕斑斑。想著小時候在眷村，每次大哥從軍校回來，總帶學校最好吃的食物給我；想到大哥彎身探進窗內，背包帥氣地搭在肩膀上：「小麗芳，哥哥要回學校囉……」

他後來最愛那首台語歌〈空笑夢〉：「麗芳，妳學嘛，這首歌好好聽，」大哥總說：「妳學會了，唱給哥哥聽！」

我蹲在客廳的卡拉ＯＫ設備前，摸索著每一個陌生的按鈕，不知道按弄了多久，螢幕上終於跳出〈空笑夢〉的伴唱帶。大哥的笑容彷彿浮在螢幕上，他沒有走。

我想學這首歌，想唱給大哥聽。

朋友擔心這樣下去我會悶出憂鬱症，開始找我一起唱歌。〈空笑夢〉的台語對我很吃力，我在歌詞上標注音，每一句都牢牢鐫在心頭。在歌友的鼓勵下，我學了一首又一首的歌：國語、英語、台語，開始有人稱讚我唱歌不錯，有人說我的嗓音適合爵士和藍調，我笑了笑，沒放在心上，唱歌時大哥就在我心裡，這是我的祕密。

那幾年，我陸續抽空參與慈善和公益，開始主要是演講和分享，有時在教會，有時是公益的場合。有回到女子監獄，台下坐滿了女性受刑人，不知道穿越了多少風霜和襤褸才來到這裡，世間的痛苦與罪愆，都在監獄之外了。我拿著麥克風，突然覺得沉重又輕盈，如同此刻的她們，清素著面容，純潔宛若新生。我說著鼓勵她們的話，台下一張張木然的臉開始有了表情，然後有了淚，一個、兩個、三個……我為那樣的情景所撼動，拿著麥克風的手突然一陣濕涼，低頭看，望見自己的淚花，和她們臉上的一樣清澈。

好友周嘉麗知道我學唱歌了，問我想不想一起做公益表演[2]。當了一輩子主持人，我沒把握自己能不能唱歌，卻毫不猶豫地答應了。大哥始終沒能聽我唱〈空笑夢〉，如果有機會，能帶給世界任何一點溫暖，我不想再錯過。

於是，我們帶著各種愛心物資，去了療養院、老人院、醫院、孤兒院、榮民之家，行跡踏遍台灣和外島。公益表演有一群最特別的觀眾：受限於行動或健康，他們無法自己走到更遙遠的世界，於是我們帶著外面的世界，走向他們。唱歌、跳舞、說笑話、表演魔術，我們賣力地表演著，而台下的他們，總回饋給我們最慷慨的笑容和掌聲……

ꕥ

清晨的陽光一吋吋攀上床沿，我覷瞇著雙眼，躺在床上，迷迷濛濛地想著：

「今天有什麼快樂的事情呢？」

這是每天早晨，我問自己的第一個問題，答案自是五花八門：打小麻將、和朋友在女兒餐廳聚餐、公益表演、兒子今天回國、上菜市場、做幾道菜給老公吃、有錄影通告……喔，還有，冰箱有一袋超好吃的菠蘿麵包（這足以讓我瞬間清醒）……

只要找到任何一個答案，我就會開心地跳下床了。我一直相信：在清晨設定好「快樂」的頻率，接著一整天，美好的事物，就會被快樂的磁場吸引而來。

我在廚房煎蛋、烤麵包，咖啡磨豆機發出優雅的嘶嘶聲，烹煮的氣味穿過餐廳，漫溢到書房和客廳，果然吸引來今天第一件可愛的事物：

「老婆早，」楊在我身後輕輕抱著我：「有什麼我可以幫忙的？」

「幫我洗個碗好不好？」

「好！」他愉悅又爽快地一口答應。

無論他在哪個房間，手邊是否正在忙，只要我在屋子任何一個角落喚他，他總是大聲地、快樂地、毫不猶豫地回答：「好！」生怕我沒聽見會心急。如同生命中每一個讓我憂懼的風浪，只要我惶惶地喚他、溫柔地喊他、快樂地叫他、甚至生氣地吼他，他總是隨時在我身側，片刻都捨不得讓我著慌。

偶爾他太忙，忘了答應的事，倒也不那麼重要了——我學著視而不見，頂多兩天後再提醒他：

「欸，先生，」這時候，女人的溫柔是必殺技，我在他耳畔柔情似水地說：「家裡快沒碗了……」

今天的行程是練習唱歌。我挑選了適合今天天氣的裝扮——一襲蒂芬妮藍的洋裝、耳環，搭配適合夏天的清爽淡妝。姿態嬝娜地走出房門，楊盯著我看：「女兒啊，妳媽咧？」他喜歡這樣逗我，有回在義大利，一個老外見了我直呼美人，追問我結婚沒，想娶我回家，一旁的楊聽了大樂，直呼：「外國女婿找上門了！」我被逗得樂不可支，笑得幾乎停不下來。

當了一輩子主持人，我穿的大多是套裝、或大型典禮的禮服，反倒是從鎂光燈下淡出後，才開始穿上明亮輕盈的顏色。我給鏡子裡的自己一個微笑，覺得現在才開始盛裝青春，一種越活越回去的洋洋自得。

等公車時，一個上班族回頭看了我一眼，接下來又回頭看了好幾眼，終於她開口了：

「請問，妳是侯麗芳小姐嗎？」

「是啊，我是，」我說。

「天啊，真的是妳！我從小跟阿嬤看媽祖長大的耶！」她驚呼連連：「妳怎麼都沒變？我我我，我可以和妳合照嗎？」

我點點頭。我們將手機交給一位經過的太太，兩人在鏡頭前貼著臉微笑。

「三，二，……咦？」太太沒有按下快門，她移開手機，狐疑地望著我：「妳是侯麗芳嗎？」

「我是啊，」我爽朗地笑了。

「哇！妳怎麼會跑出來坐公車？我剛剛就想，不可能是妳啊！」換她驚呼連連：「等一下可以換我和妳合照嗎？」

偶爾，我會上一些談話節目的通告，接幾場典禮的主持或評審，另外就是公益表演的參與，才短暫地回到那遙遠又熟悉的幕前工作。生活上，已漸漸遠離那段光芒熠熠的歲月，我常搭公車、捷運，拖著菜籃子去市場買菜，《一把青》正夯時也會熬夜追連續劇。有時和朋友約了小酌，我和楊從酒櫃裡挑一瓶好酒，喝酒不方便開車，便一起牽了手坐捷運。

我熱愛下廚，每次在廚房忙將起來，那是楊最開心的時刻：菜熱騰騰地上桌，他根據當天的菜色，挑選適合的酒和酒杯，我們斟了酒，兩人喁喁說著一輩子都說不完的話。婆婆去年冬天離世，今年過年是頭一回，我們沒有父母在身邊。

「我們真的變成孤兒了，」我感傷地說：「好孤單喔。」

「妳還有我啊。」楊拍拍我，微笑地說。

「謝謝你，一直對我那麼好，」我感動地說：

「沒有幾個男人能夠像你這樣，照顧老丈人、丈母娘，如此無怨無悔。」

「那是我老婆好，我才願意這樣做，」

喝了酒的楊，有一種難得的柔膩與感性，他的眼睛潤潤地望著我：

「老婆我愛妳。」

日子過得小清新，我們卻漸漸嚐出，當年青春正盛、光華璀璨的我們，未曾體會過的清澈與甘甜。

☙

晴好的日子，我和楊兜風到碧潭，陽光灑在湖面一片晶晶燦燦，彷彿一顆鑲鑽的祖母綠，光華四射。平常日沒什麼遊人，我們走進吊橋旁一個 live band 餐廳，店家殷勤地招呼我們。用完餐，又聽了會兒即興演奏，楊去了趟化妝室，一直熱切望著我的經理，機靈地跑了過來：

「請問，妳是侯麗芳小姐嗎？」

我說是呀，是我。

「哈，剛剛我就認出妳了！」他興奮地說：

「侯小姐，妳以前是不是曾經住在○○路，一棟公寓的四樓？」

我訝異地望著他：「你怎麼會知道？」

「那時候我還好小呢，借住在阿姨家讀書，印象非常深刻。」

他清晰地描述著：「有一次，妳敲阿姨家的門，哭著說媽媽反對妳的戀情，動手打了妳，阿姨讓妳進來躲了一個多小時。」

當然記得那一晚，永遠忘不了……

我望著這位身型頎長的男子，當年的小男孩都這麼大了；數十年的時光，回想起來，竟只是一瞬。

「剛剛一直不敢來找妳，」他有點緊張：「我不確定，當年讓妳躲到我家的男生，是不是現在這一位……」

我搜尋著楊的身影，他正遠遠向我們走來，發現我的眼神正在尋他，隨即給我一個很安心的笑容。

彷彿回到當年：他的蘭美達與他，在每個清晨的街口守候，那令人安心的笑容，數十年未曾改變。

「他姓楊，是我先生，」我笑了，向當年的小男孩介紹了楊：

「還有，一直都是同一位。」

離開碧潭時，已是傍晚時分。

褪去了璀璨閃耀的金光，碧潭的湖水黛綠青翠，如陳在天地間一塊碩大的玉髓，在夕陽餘暉下，正透出寧靜溫潤的光華。

1 一九八〇年，海山唱片發行侯麗芳的個人專輯《相遇相知》，曲風融合民歌與流行。主打歌〈相遇相知〉，由李季準填詞，為川貝枇杷膏之廣告曲（該廣告亦由侯麗芳小姐拍攝），另一首〈船歌〉，為基隆與花蓮間行駛的「花蓮輪」廣告主題曲。

2周嘉麗小姐於二〇一〇年起，以「曉水珠心靈之旅」為名，號召藝人一起參與公益表演。其活動經費與物資，主要來自藝人、家人、朋友慷慨解囊，另有部分來自企業贊助。數年來，行跡遍及台灣與外島的療養院、醫院、孤兒院、老人院與榮民之家，目前已完成近百場的公益演出。

〈側記〉致那些悠長恆久的幸福

胡曉揚

二〇一五年秋天，新北市《巷弄藝起來——群星會經典》演唱會十五分鐘後，演唱會即將開始，馬路、街道上，人潮正從不同的方向匯集，甚至趕著小跑步起來。突然誰的手機響了，一位男士邊跑步、邊接起電話：

「有位置了嗎？」他眼睛突然亮了起來：「哪裡的位置？」

接著又問：「你占幾個位置？我們這邊四個人欸。」

確認訊息後，男士興奮地跟身邊朋友說：

「不用緊張，中間第二排，我們都有位置！」

前面突然一陣湧動，有人喊：「要開始了！」我感覺到人潮推擠，也跟著加快了腳步……

當時，我剛開始著手侯麗芳小姐傳記的訪談，需要收集書寫素材，特地來聽這場演唱會。到後台和麗芳姊打招呼後，我坐進滿座的叔叔阿姨當中，感覺踏進一個陌生而神祕的時空氛圍。

這裡不是小巨蛋，也不是捷運站出入口，而是某國小活動中心周邊的街道；

聽眾手中拿的不是螢光棒、也不是Bling-Bling的LED追星燈板，而是扇子、茶壺（裝了類似養生茶的飲料），喔，有人手裡還牽了小孩；

他們沒有穿潮T，大都穿著家居服、短褲、舒適的涼鞋；

他們沒有染時髦的髮色——事實上有些伯伯沒有頭髮可染，而有些奶奶已經放棄染髮了。

主持人沒有很搖滾地要大家「下一秒給我全部離開地球表面！」她溫柔地說：「阿姨、伯伯，舉起你們的手，這樣可以活動淋巴腺喔！」

哇，真是太另類了！

然而，當我格格不入地坐在這群復古又內斂的群眾中，似乎又可以感到某些類似「青春」的溫度：

這四面湧動而來的神祕人潮；

這些請朋友占位子，或因為搶到好位置而興奮不已的大叔阿姨；每一位歌手上台時，叔叔阿姨們總跟著大聲唱，歌詞熟練地好像剛完成一個月的祕密集訓；

他們沒有很嗨地「Jump! Jump!」，但大半的人也坐不住，搖擺著身體，很復古地跟著節奏拍手。

麗芳姊登場了，她帶著一疊媽祖扮相的簽名劇照，趁歌曲間奏的空檔，走到「搖滾區」發送，台下馬上一陣騷動：有人想要握手，有人搶到照片、興奮地震臂歡呼！一個小伙子幫阿嬤搶到一張，阿嬤開心地端詳著相片，小心翼翼地收進包包裡。

當孔蘭薰在台上說：「壓軸的最後一首，你們告訴我，是哪一首歌？」她微笑將麥克風轉向台下觀眾，我困惑地望著身邊的叔叔阿姨，而他們彷彿等待已久，約好似的熱情大喊：

「群—星—頌！」

接下來，我驚訝地望著台上台下熱血的大合唱，突然覺得他們完全是一夥的！那是一套神祕的記憶符碼，只要一個按鈕，時空膠囊會刷地開門，載著他們一齊飛越光速，回到那個「當大叔還是少男，而阿姨也還是少女」的年代……

散場時，我跟著人潮走，思緒還沉浸在時空膠囊的奇異氛圍中，前方一位大叔正透過圍牆小洞，窺探著演唱會後台的休息區。他的朋友馬上一陣狠虧：「看什麼啦，你的侯麗芳走了啦！」

大叔紅著臉反擊：「侯麗芳小我一歲，我看她一下不行喔?!」

身後的阿姨們笑得前俯後仰，直到笑聲消融在晚風中，她們才又拾起演唱會的曲調，意猶未盡地唱著歌離去……

今夜，我看見一群少男、少女，穿越時空的長廊而來；我聽見他們永恆的青春，清脆地抖落在二十一世紀的街道上。

他們的青春，永遠不老。

於是，每個禮拜有一天，我會帶著筆記到麗芳姊家，聽她娓娓訴說她的故事。麗芳姊一家人都熱衷美食藝術（愛吃），每回都從白天一路吃到晚上：小西點、涼糕、餅乾、當季水果、堅果糖、肉乾……還沒張羅完，晚餐時間又到了。有時麗芳姊下廚，有時簡單叫個便當，而不管吃什麼，總有好酒可以喝，回憶就在密集餵食中緩緩耙梳。麗芳姊是個感性的女子，笑點淚點都奇低，有時我低頭剝橘子，突然聽到她的聲音開始哽咽，還找不到淚點在哪兒，只知道顧不著橘子了，得先騰出手來做筆記……

後來熟悉了，知道家庭和親情，特別容易觸動她的笑與淚，一種古典的近乎老派的傳統價值。這是我們談論最多的部分，甚至同一回憶都曾反覆耙梳，彼此都在對話中不斷療癒。

她的情感敏銳而豐富，說起故事，笑淚都是一瞬間；那些生命中的故事，在她腦海鮮活如新，未曾凋零。

ꕥ

她是他的玫瑰花，而他始終是她最忠實的園丁——雖然楊叔叔總是向我抗議：「才不只，」他扳著手指數給我聽：「我是她的司機、家裡的園丁、經紀人、祕書、還有負責洗碗的楊嫂……」

演唱會的尾聲，麗芳姊姊表演結束後，楊叔叔隨即離開觀眾席，直奔後台。

許多熱情觀眾包圍著他美麗的妻子，他拿著各式不同的手機，幫她與觀眾一一合影；她和觀眾話家常時，他在一旁微笑著，不疾不徐，只是靜靜守候。

他們向工作人員一一道謝後離去，黑夜中，他的身影守護著她，緊緊相隨。

這舞台下樸實無華的時刻，總格外打動我：因為知道他一直如此呵護著她，風雨同路，他們便這麼牽著手，由時光的長廊中緩緩走來。

他們的愛情波折而艱辛，落實在婚姻中，卻是數十年如一日的溫馨平實；

他們總是向我訴說著對方的好、總是熱切地表達感謝與珍惜，我甚至不曾聽過他們挑剔對方一句。這，是何等的情感與智慧。

世人用鮮花與鑽石謳歌愛情，我卻獨鐘四季蒼翠的鐵冬青：

在霜雪覆蓋的嚴冬，靜待每一年的春來，又在繁花正盛的春季，綻放新蕊。如此年復一年。

一如他們的愛情，歷經數十寒暑，依然茂盛青翠。

ஐ

每一天，臉書有三億張相片上傳、二十七億個讚，500ＴＢ的新資訊量產生。

我們在臉書有成千上百個朋友，動態牆不斷刷新，手機總是叮叮作響。今日的新聞明日已無人聞問，於是我們更焦急地追逐，永無止盡，卻感到惴惴不安。

人生有幾個數十年呢？

數十年後轉身回望，哪些人、哪些事，還能在我們的回憶中，閃閃發光？

書寫這本書的過程，我感到一種久違的安全感，原來時光的流裡，悠長恆久的，從來不只是鑽石。

原來青春靈魂可以不死，感情可以不用經歷半衰期，回憶能夠永久珍藏。

願以本書的文字，致歲月中，那些悠長恆久的幸福。

〈代後記〉下輩子仍是夫妻，輪我嫁給她！

楊威孫

計畫永遠趕不上變化。去年就規劃今年五月替麗芳出本書，祝賀她可以上公車時嗶嗶嗶三聲了（滿六十五歲）。因二〇一四年我六十九歲時，寫了本書贈送親友，內容大多是軍中和工作相關的往事，原定名為《軍中往事》，但編輯和出版社建議使用《回首笑看來時路》為書名，沒多經思考就同意了。書送出後，我被老友王國宜兄責問既是來時路，為何少了麗芳和家人？令我羞愧。

但此刻成為她送給我的七十一歲生日禮物了。沒想到辛苦挑這本書採訪及編撰重擔的作者胡瀞云（胡曉揚）小姐，初稿完成沒幾天後，居然就被商周慧眼相中了，我得特別感激瀞云及程副總編鳳儀對麗芳六十多年的大小故事肯定，也期待這本書能給社會大眾更多正面思考的能量。

從小和三位兄姊在眷村出生長大，生活相當的困窘，中學儘管經常生病，仍然年年獲得演講比賽冠軍，大專時期在世新的學習，奠下日後廣播、電視主持的基本功。進入演藝圈並未沾染什麼習氣，不受金錢及嫁入豪門等的誘惑，跟初創業還騎機車的我相戀七年，雖受到母親因不捨么女出嫁的阻撓，不改初衷終於找到解決方案，得到祝福和我結為連理。在那時代藝人結婚生子相當於退出演藝圈，她也從不求人給予節目。堅持「得之我幸，不得我命」的態度，終於又在廣播電視圈活躍到近年退休。現在完全不計較演出酬勞，改以向榮民及貧困老人義演，更成為她快樂的泉源。

生了對可愛純樸的兒女，雖然請了保姆在家照顧，麗芳每天均能在五、六點間出棚返家，親自烹調晚餐。對孩子的人格教育非常重視，所以孩子們在高中畢業及國二時赴美就讀，迄今都沒有惡習，不抽菸、不碰毒，努力工作。當然這也是我們的福氣！

夫妻間必須知曉婚姻是要經營的，牙齒和舌頭都會有咬到的可能，何況是來自兩個完全不同的家庭。最重要的是對長輩的孝心，這是我們婚姻的基石。我幸運地娶到她，若問下輩子，我會說我們仍將是夫妻，輪我嫁給她了！

〈附錄〉侯麗芳作品列表

節目助理

華視《追根究柢》1973

台視《歌唱家庭》1973

電視節目主持

華視：1973～1977

《南來北往》

《母子樂園》

《電影眼》

《造福鄉里》（與葛小寶共同主持）

《黃金屋》

《統一發票開獎》

台視：1978～1991

《十步芳草》
《和你在一起》
《銀河星光》
《週五大家見》
《天天都是讀書天》（與魏少朋共同主持）
《電影街》
《熱線你和我》（與李季準共同主持）
《國富民樂》
《認識自己》
《婦女時間》
《人之初》
《面對當代人物》
《台北我的家》

佛光衛視：1988～1989

《歡喜生活家》

《佛光大辭典》

《佛法無所不在》

廣播節目主持

世新廣播電台《仲夏夜之夢》1971～1972

中廣流行網《歌星之歌》1978～2004

中廣寶島網《金曲未了情》2000～2004

FM 98.5 電台《健康銀髮族》2004～2005

美國生活電台《金曲不了情》2004～2008

電視戲劇演出

華視《椰林深處》（飾包惠玉）1976～1977

台視：1989～1994

《媽祖外傳》（飾媽祖）1989

《三媽再生》（飾媽祖）1990

《媽祖後傳》（飾媽祖）1991

《媽祖過台灣》（飾媽祖）1992

《媽祖出巡》（飾媽祖）1993

《千里眼與順風耳》（飾媽祖）1994

《名人傳記——莫那魯道》（飾頭目妻子）1994

《貴客臨門》

個人專輯

《相遇相知》海山唱片發行 1979

電影演出

《古寧頭大戰》1980

活動主持

第25屆亞洲影展表演晚會（新加坡）1979

第26屆亞洲影展表演晚會（印尼）1980

中台禪寺「九二一震後埔里災區撫慰人心音樂晚會」1999

「佛光山甲子慶——南華大學老歌義唱會」2015

雙十節「四海同心晚會」（僑委會主辦）2001、2008

活動引言

法鼓山舉辦之跨界宗教座談會（任引言人）

講座

中華電信公司員工訓練所「說話的藝術與應對的技巧」講座 2001～2002

代言

中央警察大學講授「說話與應對的技巧」2007～2009

柯達底片、排油煙機、室內高爾夫、川貝枇杷膏等等

媚登峰集團瘦身系列廣告2009～2011

華陀扶元堂2005

評審、召集

第49屆廣播金鐘獎評審委員召集人、頒獎人2014

第50屆廣播金鐘獎評審委員召集人、頒獎人2015

個人獎項

入圍第16屆電視金鐘獎社教性節目主持人《週五大家見》1981

節目獎項

金鐘獎第13屆「大眾娛樂性節目優良獎」：華視《造福鄉里》1977

金鐘獎第14屆「社會建設服務獎」：華視《南來北往》1978

國家圖書館出版品預行編目資料

侯麗芳的一萬個春天 / 侯麗芳口述 ; 胡曉揚採訪撰文. -- 初版. -- 臺北市 : 商周, 城邦文化出版 : 家庭傳媒城邦分公司發行, 2016.06
面； 公分
ISBN 978-986-477-035-9（平裝）

1.侯麗芳 2.演員 3.臺灣傳記

783.3886 105009061

侯麗芳的一萬個春天

作　　者／侯麗芳（口述）、胡曉揚（採訪撰文）
責任編輯／程鳳儀
版　　權／翁靜如、林心紅
行銷業務／莊晏青、何學文

副總編輯／程鳳儀
總 經 理／彭之琬
發 行 人／何飛鵬
法律顧問／台英國際商務法律事務所　羅明通律師
出　　版／商周出版
台北市中山區民生東路二段141號4樓
電話：(02) 2500-7008 傳真：(02) 2500-7759
E-mail：bwp.service@cite.com.tw
Blog：http://bwp25007008.pixnet.net/blog
發　　行／英屬蓋曼群島商家庭傳媒股份有限公司城邦分公司
台北市中山區民生東路二段141號2樓
書虫客服服務專線：(02)2500-7718・(02)2500-7719
24小時傳真服務：(02)2500-1990・(02)2500-1991
服務時間：週一至週五09:30-12:00・13:30-17:00
郵撥帳號：19863813　戶名：書虫股份有限公司
讀者服務信箱E-mail：service@readingclub.com.tw
歡迎光臨城邦讀書花園　網址：www.cite.com.tw
香港發行所／城邦（香港）出版集團有限公司
香港灣仔駱克道193號東超商業中心1樓
Email：hkcite@biznetvigator.com
電話：(852)2508-6231　傳真：(852)2578-9337
馬新發行所／城邦(馬新)出版集團 【Cite (M) Sdn. Bhd.】
41, Jalan Radin Anum, Bandar Baru Sri Petaling,
57000 Kuala Lumpur, Malaysia
電話：(603)90578822　傳真：(603)90576622
Email：cite@cite.com.my

封面設計／徐璽工作室　電腦排版／唯翔工作室
攝　　影／Juliaweddingnews
新婚情報官網 http://www.juliaweddingnews.com.tw/
印　　刷／韋懋印刷事業有限公司
總 經 銷／聯合發行股份有限公司　電話：(02)2917-8022　傳真：(02)2911-0053
地址：新北市231新店區寶橋路235巷6弄6號2樓

城邦讀書花園
www.cite.com.tw

■ 2016年06月02日初版
■ 2017年04月06日初版2.8刷

Printed in Taiwan

定價／320元

ISBN 978-986-477-035-9